シールでへんしん！
マジカル☆オシャレドリル

小1 かん字

🔔 **ピーチからの しんちゃくメッセージ**

キラピチ星へ ようこそ！

わたしは ピーチ、よろしくね。
ここ キラピチ星の みんなは、
オシャレに なれる まほうが つかえるの！

でも、その まほうを じょうずに つかう ためには、
「オシャレまほう学校」で たくさんの ポイントを
あつめなければ いけなくて・・・

まいにち がんばって いるけれど、
今日は うっかり ねぼうしちゃった！
たんにんの レモン先生に おこられちゃうよ～！

みんな！この ドリルで わたしの オシャレを てつだって！

▶ **とうじょうじんぶつ**

ピーチ
キラピチ星に すむ
あかるくて げんきな 女の子。
かわいい ふくが すき。

がんきち
ピーチの あいぼう。
すきな たべものは
すこんぶ。

キララ
ピーチの ともだち。
おとなしくて まじめ。
せいそな ふくが すき。

❤ もくじ ❤

コーディネートシート

STAGE : 1
げんき☆カジュアル ステージ

STAGE : 2
きゅんかわ♡ガーリー ステージ

STAGE : 3
さわやかシーサイド ステージ

STAGE : 4
イケメン♪クール ステージ

STAGE : 5
キラキラプリンセス ステージ

1 一・二・三 13
2 四・五・六 15
3 七・八・九 17
4 十・百・千 19
5 大・中・小 21
6 かん字の ふくしゅう① 23
7 上・下・左 25
8 右・入・出 27
9 立・休・見 29
10 男・女・子 31
11 人・王・天 33
12 かん字の ふくしゅう② 35
13 口・目・耳 37

14 手・足・力 39
15 日・月・火 41
16 水・木・金 43
17 土・町・村 45
18 かん字の ふくしゅう③ 47
19 赤・白・青 49
20 竹・花・草 51
21 犬・虫・貝 53
22 山・川・森・林 55
23 田・空・気・雨 57
24 かん字の ふくしゅう④ 59
25 学・校・年 61
26 先・生・文 63
27 本・名・字 65
28 糸・車・音 67
29 夕・円・早 69
30 正・玉・石 71
31 かん字の ふくしゅう⑤ 73

こたえとアドバイス 75

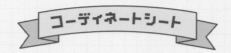

コーディネートシート

▶ ハッピーきぶんで、まちへ おでかけ！

げんき☆カジュアルステージ

今日の　1じかん目は、カジュアルな　ファッションが　テーマだよ。まちへ　おでかけする　ときの　ふくを
イメージしてね。ねぼうしたから　かみのけは　ボサボサだけど、かわいく　へんしんできるかな？

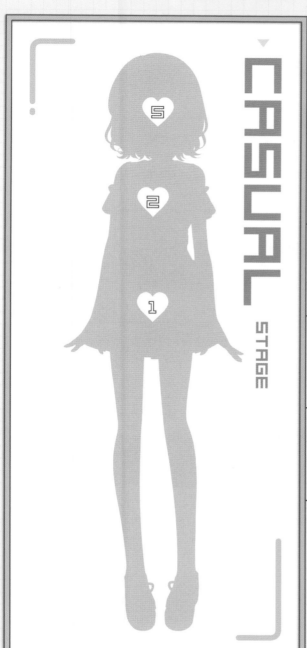

ラッキーカラー ◯ ◯

ポイントアイテム

トップス

ビタミン☆オフショルフリル

ギンガムチェックの　そでが　ポイントだよ。

ボトムス

さわやかプリーツスカート

赤い　ベルトと　白の　ラインが　かわいい♡

シューズ

ハートチャージスニーカー

くつひもの　上に　ハートが　ついて　いるよ。

バッグ

ハートポップポシェット

赤い　ハートがたの　しっかりした　ポシェットだよ。

ヘア

ゆるふわあみこみヘア

サイドの　あみこみを　ピンで　とめた　ヘアだよ。

あかるい カラーで
まとめよう！

▲ えに　シールを　はって、コーディネートを　かんせいさせよう！

COLOR LEVEL :
♥♥♥♥♥

ITEM LEVEL :
♥♥♥

KAWAII LEVEL :
♥♥♥♥♥

ピーチのオシャレポイント

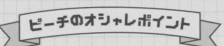

450 ポイント！

 レモン先生（せんせい）

ぜんたいてきに、キュートに　まとまっていて　かわいいわ。ラッキーカラーの　きいろい　トップスが　ポイントね。スニーカーを　えらんだのも　バッチリよ！

ピーチ

よかった〜。ありがとうございます！

 キララ

ピーチ、おつかれさま。つぎは、ガーリーファッションが　テーマみたい。かわいさぜんかいで　いきましょ！

ピーチ

うん！　かわいい　ふくなら　まかせて☆

つぎのステージへつづく ▶▶

STAGE 2

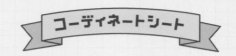
コーディネートシート

▶ **キュートな アイテムが いっぱい！**

きゅんかわ♡ガーリーステージ

2じかん目は、ガーリーな ファッションが テーマだよ。ともだちと おいしい スイーツを たべに いく ときの コーディネートが いいかも。女の子らしい アイテムを そろえて キュートに きめてね！

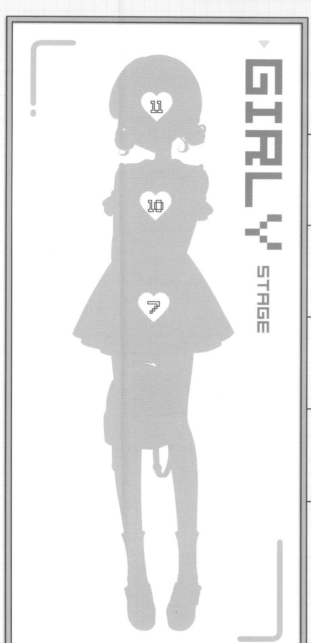

GIRLY STAGE

ラッキーカラー ◯◯

ポイントアイテム

トップス
きゅん×2 フリルブラウス
小さな ハートが ついた 大きな えりが とくちょう。

ボトムス
スイートチョコプリーツ
チョコいろの チェックと リボンが キュート♡

シューズ
ショコラローファー
ローファーに 白い くつ下を あわせた シューズ。

バッグ
ラブリーステッチリュック
ハートの ステッチと ラベンダーカラーが ポイント♪

ヘア
ひつじおだんごヘア
ひくめに つくった 二つの おだんごヘアだよ。

かわいい コーデに してね！

▲ えに シールを はって、コーディネートを かんせいさせよう！

COLOR LEVEL :
♥ ♥ ♥

ITEM LEVEL :
♥ ♥ ♥ ♥

KAWAII LEVEL :
♥ ♥ ♥ ♥ ♥

ピーチのオシャレポイント

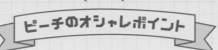

530 ポイント!

 レモン先生
おおきい えりが ついた トップスが ポイントね。スカートと シューズを ちゃいろで そろえたのも ステキよ。リュックの カラーも、いい アクセントに なって いて かわいいわ。

 キララ
リュックの ハートの ステッチが かわいいね! こんど わたしにも かして ほしいな♡

ピーチ
うん! いつでも どうぞ♪

 レモン先生
さあさあ。おしゃべりは その へんに してね。つぎは シーサイドステージだから、うみの ちかくまで でかけるわよ!

ピーチ
やったー♡ おでかけだ!

つぎのステージへつづく ▶▶

STAGE 3

コーディネートシート

▶ きぶんは アイドル★ キラキラの うみべで ダンス！

さわやかシーサイドステージ

3じかん目は、うたって おどる アイドルファッションが テーマだよ。こんかいは、うみべの ステージだから、
さわやかな コーデが いいかも☆ アイドルらしい はなやかさも わすれずにね！

SEASIDE STAGE

ラッキーカラー ◯ ◯

ポイントアイテム

トップス
サニーシアーパフ
すけかんの ある、ふくらんだ そでが かわいい♡

ボトムス
マーメイドシェルスカート
貝がらみたいな ひらひらが とくちょうだよ。

シューズ
リボンパールパンプス
ピンクいろの リボンが アクセントだよ☆

アクセサリー
ゆめかわリボンカチューシャ
グラデーションカラーの 大きな リボンだよ。

ヘア
げんき☆ハイポニー
たかい いちで むすんだ ポニーテールだよ。

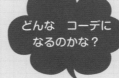
どんな コーデに
なるのかな？

▲ えに シールを はって、コーディネートを かんせいさせよう！

COLOR LEVEL :
♥♥♥♥

ITEM LEVEL :
♥♥♥♥♥

KAWAII LEVEL :
♥♥♥♥

ピーチのオシャレポイント

620 ポイント!

レモン先生

貝がらを イメージした スカートが とっても ステキよ。パールで じょうひんさを 出せて いるわね。リボンの モチーフでは、はなやかさを ひょうげんできて いるわ。

ピーチ

ありがとうございます！ なれない テーマだったけど、なんとか なったかな？

かんきち

ピーチ、ほんものの アイドルみたいだったよ！

ピーチ

かんきち、ありがとう〜！

つぎのステージへつづく ▶▶

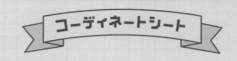

▶ シンプルな カラーで かっこよく きめて★

イケメン♪クールステージ

4じかん目は、クールな ファッションが テーマだよ。白、くろ、むらさきなどの アイテムを つかうのが、クールコーデの てっそく☆ おとなしめの カラーで まとめて、シンプルに かっこよく きめてね！

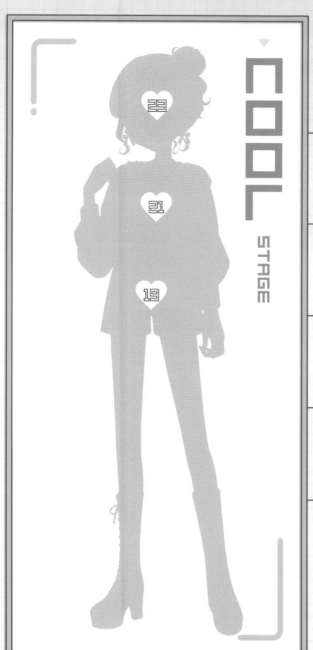

ラッキーカラー ● ●

ポイントアイテム

トップス

パープルプレッピーニット
まじめな ふんいきが 出せる パープルニットだよ。

ボトムス

きれいめミニボトム
シンプルな シルエットで あわせやすい パンツだよ。

シューズ

こあくまハイブーツ
長めの ブーツに ニーハイを あわせて いるよ☆

バッグ

ホワイトチェーンバッグ
ゴールドチェーンが ついた 小さめの バッグだよ。

ヘア

ざっくりラフシニヨン
サイドに あみこみを した、ゆるめの おだんごヘア。

かっこよく
なれるかな？

▲ えに シールを はって、コーディネートを かんせいさせよう！

COLOR LEVEL :
♥♥♥♥♥

ITEM LEVEL :
♥♥♥♥♥

KAWAII LEVEL :
♥♥♥♥♥

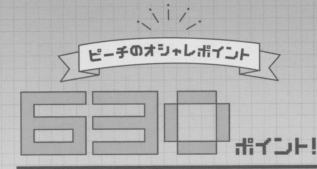

ピーチのオシャレポイント

630 ポイント!

レモン先生

クールファッションの きほんカラー、白・くろ・むらさきを じょうずに つかえているわ。あみあげブーツと ニーハイソックスを あわせるのは、上きゅうしゃね!

キララ

ピーチの コーデは、お出かけにも ぴったりね。小さな かばんも かわいい♡

がんきち

ピーチ、つぎの ステージは ぶとうかいだって! 早く きがえよう!

ピーチ

ステキ! ゆめみたい。どんな ドレスにしようか、まよっちゃうね!

つぎのステージへつづく ▶▶

コーディネートシート

▶ ゴージャスな ドレスで、いっしょに おどろ♪

キラキラプリンセスステージ

5じかん目は、ぶとうかい♪ キラキラ かがやく ドレスファッションが テーマだよ。
ドレスだけで なく、アクセサリーや シューズなどの こものにも こだわってね！

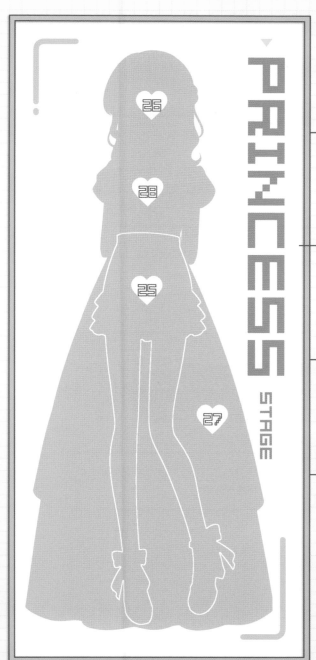

PRINCESS STAGE

ラッキーカラー ◯ ◯

ポイントアイテム

ドレス
フラワープリンセスドレス
ひろがる スカートと むねの お花が ポイントだよ。

シューズ
ひめリボンヒール
ラメと リボンが ついて いる ピンクいろの ヒールだよ。

アクセサリー
ときめきハートネックレス
大きな ハートの かざりが ついた ネックレスだよ。

ヘア
パールハーフアップ
パールを ちらした じょうひんな ハーフアップだよ。

アクセサリーも
ポイントだね！

▲ えに シールを はって、コーディネートを かんせいさせよう！

COLOR LEVEL :
♥♥♥♥♥

ITEM LEVEL :
♥♥♥♥♥

KAWAII LEVEL :
♥♥♥♥♥♥

ピーチのオシャレポイント

アフロ ポイント！

レモン先生

はなやかな ピンクいろの プリンセスドレスが よく にあって いるわ。こしに ついて いる 大きな 赤い リボンも ポイントね。ネックレスも ゴージャスで、まとまりの ある コーデに なったわね！

キララ

ピーチ、ここまで おつかれさま！ピーチの オシャレポイントは、ぜんぶで 3000ポイントだって☆

ピーチ

わあ！ たくさん！ かんきち、がんばった かいが あったね。

かんきち

うん！ これからも りっぱな オシャレマスターを めざそうね。

みて かいて！

一・二・三

1 かん字の ひつじゅんを おぼえよう。

かん1

一

おん イチ・イツ
くん ひと・ひと（つ）

1↓				

つかいかた
一年生 いちねんせい
一つ ひとつ
一口 ひとくち

かん2

一　二

おん ニ
くん ふた・ふた（つ）

1↓	2↓			

つかいかた
二年 にねん
二学き にがっき
二手 ふたて

かん3

一　二　三

おん サン
くん み・み（つ）・みっ（つ）

1↓	2↓	3↓		

つかいかた
三人 さんにん
三日 みっか
三月 さんがつ

2 ——せんの かん字の よみがなを かきましょう。

(　　　　)　　　　　(　　　　)

① 一年生　　　　② 三学き

(　　　　)　　　　　(　　　　)

③ 三日月　　　　④ 一口

3 □に あてはまる かん字を かきましょう。

① 女の子が 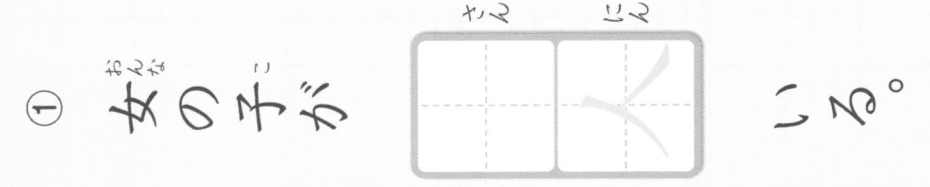 いる。

②  から の くやで あんぶ。

③ リレーで 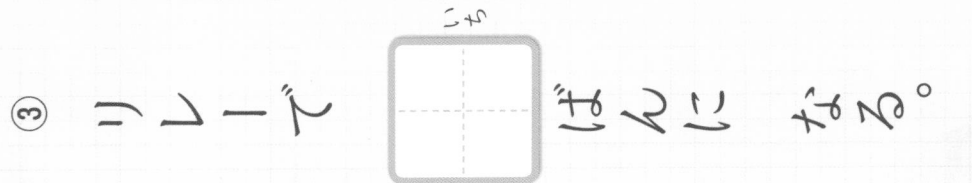 ばんに なる。

④ りんごを 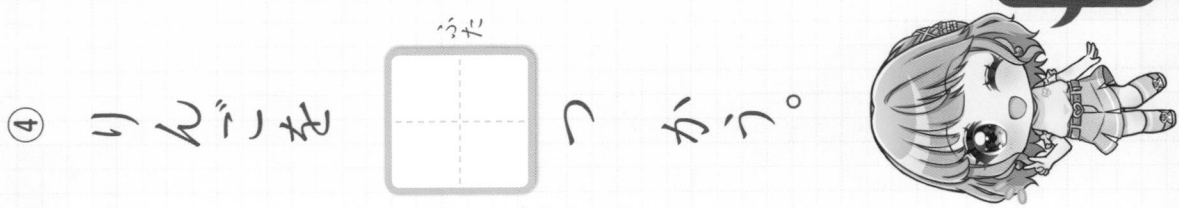 つ かう。

じょうずに かけたね

おしえかたの まめちしき ▶ カンコツよぶき、こんきやすり いろいろ ぶくらきの ロイケ ケケだすち。

① かん学の れんしゅうを しましょう。

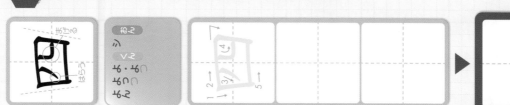

5 かく　一　冂　冂　円　円

つかいかた　四月（しがつ）　四（よん）こ

4 かく　一　丁　五　五

つかいかた　五円玉（ごえんだま）　五日（いつか）

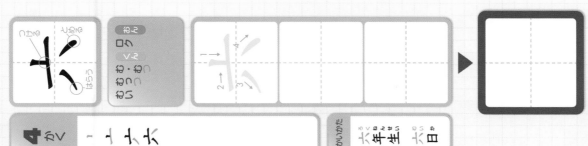

4 かく　一　一　ナ　六

つかいかた　六年生（ろくねんせい）　六日（むいか）

きれいに
かけたかな?

2 ──せんの かんじの よみがなを かきましょう。

① （　　　）
四月_{がつ}

② （　　　）
五円玉_{えんだま}

③ （　　　）
六日_か

④ （　　　）
五日_か

3 □に あてはまる かんじを かきましょう。

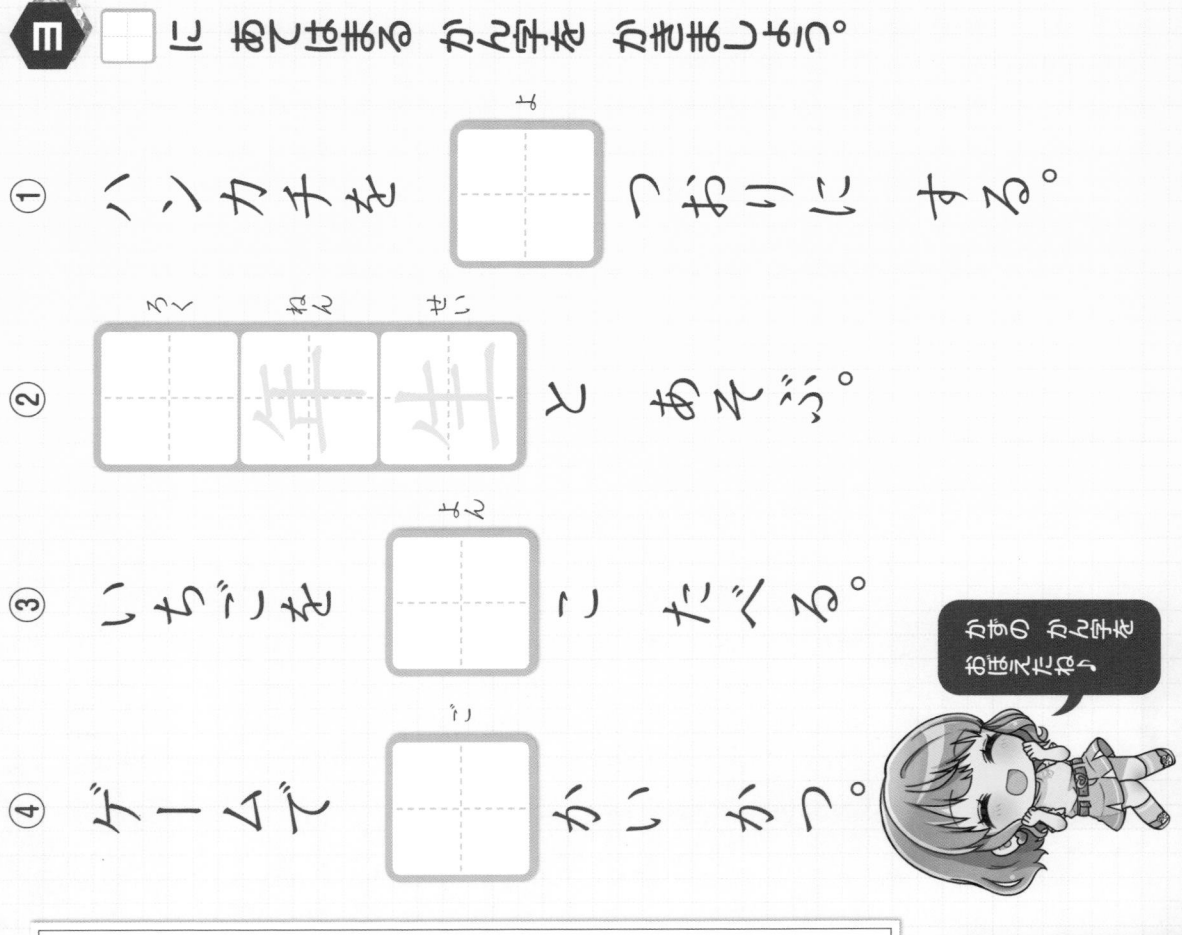

① ハンカチを ［よ］□ つおりに する。

② ［ろく］［ねん］［せい］□□□ と あそぶ。

③ いちごを ［よん］□こ たべる。

④ ゲームで ［に］□かい かつ。

かずの かんじを
おぼえたかな？

おしゃれの
まめちしき
▶ あたらしい いろの スニーカーは、はく
だけで 足もとが はなやかに 見えるよ★

こたえあわせを したら
₁₆の シールを はろう！

しち・はち・く

月　日

こたえ 75 ページ

1 かん字の れんしゅうを しましょう。

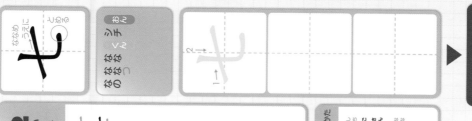

2 かく　一七

つかいかた　七五三　七いろ

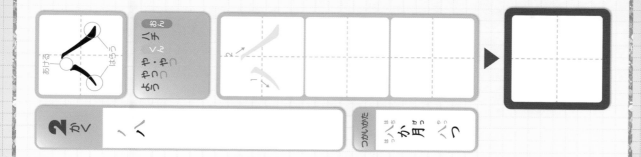

2 かく　ノ八

つかいかた　八か月　八つ

2 かく　ノ九

つかいかた　九ひき　九日

17

② ――せんの かん字の よみがなを かきましょう。

（　　　　）　　　　　　（　　　　）

① 七月生まれ　　　② 八か月

（　　　　）　　　　　　（　　　　）

③ 九ひき　　　　　　④ 九じ

③ □に あてはまる かん字を かきましょう。

① ［した］［じ］［ん］で きものを きる。

② きょうは 四月［いつ］［か］だ。

③ ケーキを ［やっ］つに わける。

④ 空に ［なな］いろの にじが 出た。

おはなしの まめちしき ▶ スカートに 見える ズボンの ことを キュロット（スカート）と いう★

かんじの かきかた
ただしいかな？

1 かんじの ひつじゅんに きをつけて かこう。

かく2　十

とめる
ジュウ・ジッ(ジュッ)
とお

まんなかを とおす
おなじ ながさに

つかいかた
十や
五十日か

かく6　一　厂　ア　百　百

ヒャク

はらい
つける　はねる

つかいかた
百円えん
百点どう

かく3　ノ　二　千

セン・ち

とめる
はらい
まがり　はねる
つける

つかいかた
千円えん
本千ほん
よがみ

二 ──せんの かん字の よみがなを かきましょう。

①（　　　　　）十日^か

②（　　　　　）百こん

③（　　　　　）千本^{ほん}

④（　　　　　）千よがみ
★ちよがみ…いろいろな もようを いろずりした かみ。

三 □に あてはまる かん字を かきましょう。

① えんぴつを 一本（いっ・ぽん） けずる。

② 千円（せん・えん）の ぼうしを かう。

③ 百（ひゃっ）かじてんを よむ。

④ 十五（じゅう・ご）の月を 見る。
★じゅうごや…むかしの にちれきで、まい月 じゅうごにちの まんげつの よる。

おうちの かたへ

▶ シールは、うらびょうしなどに かけて ついう バンクの下にだ。

ごうかくシールを はろう！
□の ページを せいこう

かけたかな？

① かんじの なりたちを つかもう。

かく3
大

大
ダイ・タイ
おお
おおきい
そろえる

| | | 大 | |

つかいかた
大きい
大きさ

かく4
中

中
ナカ
チュウ
なか
まんなか

| | | 中 | |

つかいかた
中学生
中に

かく3
小

小
ショウ
こ
ちいさい
はらう
はねる

| | | 小 | |

つかいかた
小学校
小さい

② ──せんの かん字の よみがなを かきましょう。

( ) ( )

① 大小　　　　② 中学生

( ) ( )

③ 小学校　　　④ フランス大かい

③ □に あてはまる かん字を かきましょう。

① おお
□　いえから いえに かえる。

② いち　にち　じゅう
□□田□　、てんき あれる。

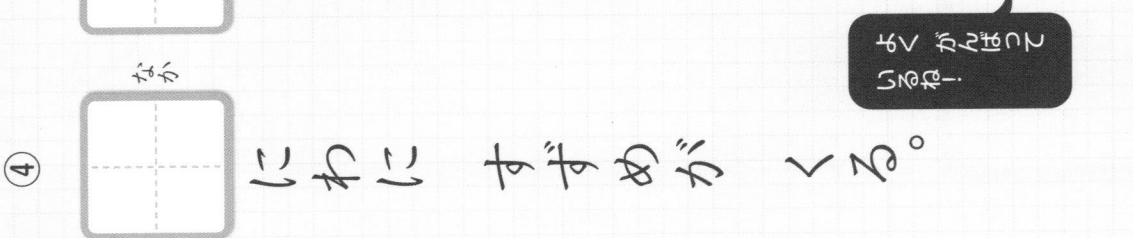

③ こ
□　ごえで はなす。

④ なか
□　にわに すずめが くる。

よく がんばって いるね！

おうちの かたへ
くんよみは、いちばん いうや かたちの ものを、くみあわせて かきます。

2 ——せんの かん字の よみがなを かきましょう。

① 四い（ ）　四日（ ）　四月（ ）

② 十日（ ）　十本（ ）　十円（ ）

かん字の ぶんを つくる①

1 ——せんの かん字の よみがなを かきましょう。

① 一へ の 先生。（ ）

② 五さつ の 本。（ ）

③ 六つ の こ。（ ）

④ 入日め（ ）

⑤ スポーツ の 大かい。（ ）

⑥ 水中 に 入る。もへる。（ ）

こたえ　76ページ

月　日

3 □に あてはまる かん字を かきましょう。

① □(せん)ばづる

② □(ひゃく)さい

③ いちごを □□(ふたくち)で たべる。

④ □(おお)きな 犬(いぬ)。

⑤ □(ちい)さな ねこ。

4 ―せんの ことばを、かん字と ひらがなで かきましょう。

① ななつの あめ。（　　　）

② みっつの りんご。（　　　）

③ ここのつの みかん。（　　　）

④ やっつの ドーナツ。（　　　）

おしゃれの まめちしき

▶ あみこみは、かたほうだけでも かわいい♡ かみが みじかくても できるよ。

こたえあわせを したら 6の シールを はろう！

上・下・左

こたえ 76 ページ

1 かん字の れんしゅうを しましょう。

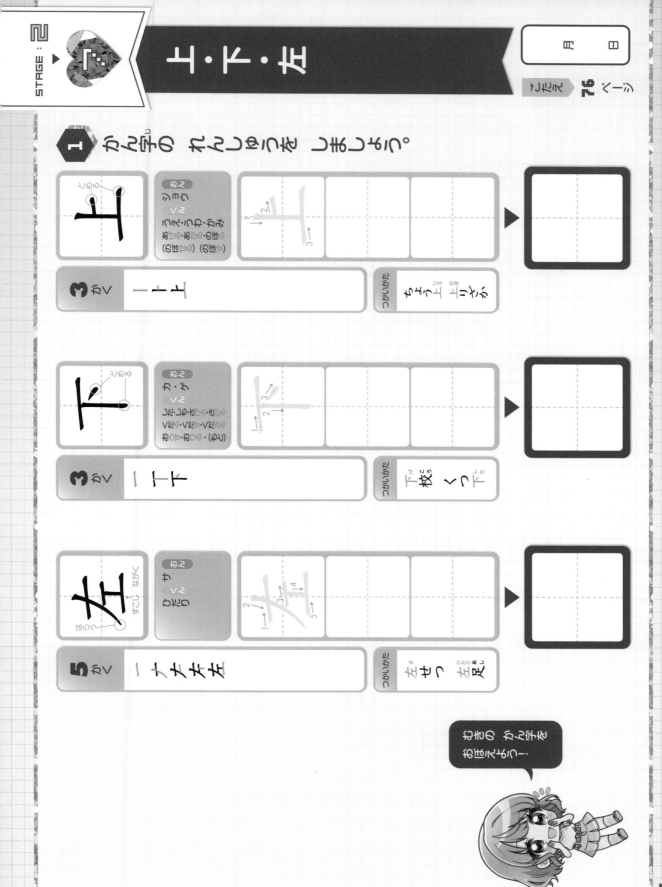

２ ──せんの かんじの よみがなを かきましょう。

（　　　　　）　　　　（　　　　　）
① 上りざか　　　② ち下てつ

（　　　　　）　　　　（　　　　　）
③ 左せつ　　　　④ 下校

★左せつ… ひだりを ひだりに
　まがる こと。

３ □に あてはまる かんじを かきましょう。

① 山[やま]の　ちょう□[じょう]。

② おとうとの　くつ□[した]を　はく。

③ □[ひだり]足[あし]　から　あるきはじめる。

④ てがみの　□[うえ]に　きった　はる。

おしえかたの
まめちしき ▶ 「カ」という字は、からだとつながる ところの
　　　　こと。カロ一な目×リラクが きほんです。

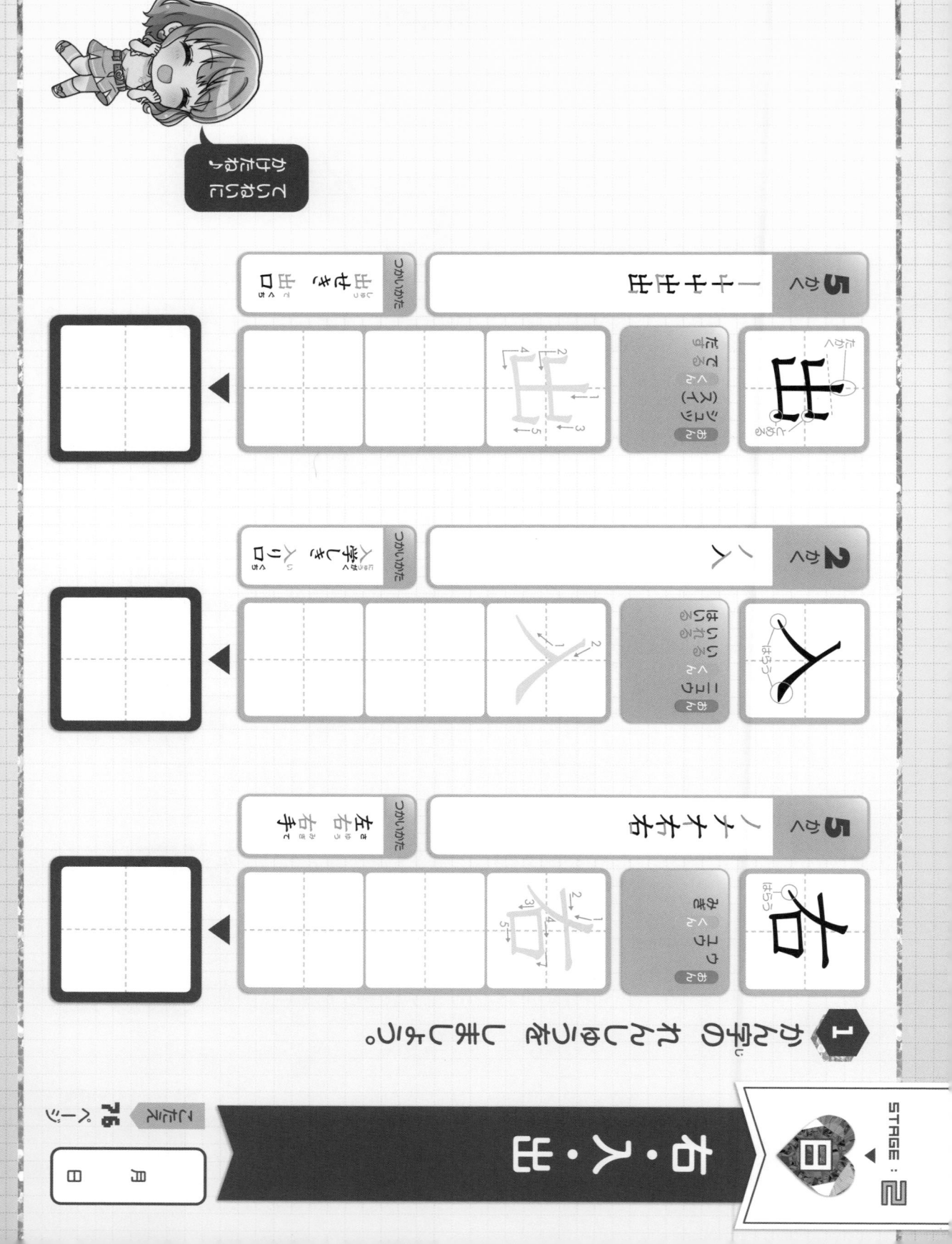

２ ──せんの かん字の よみがなを かきましょう。

（　　　　　）

① 右せつ　★右せつ…ひだりを みぎに まがること。

② 入学した

（　　　　　）

③ 出せきする

④ 左右

３ □に あてはまる かん字を かきましょう。

① おもての 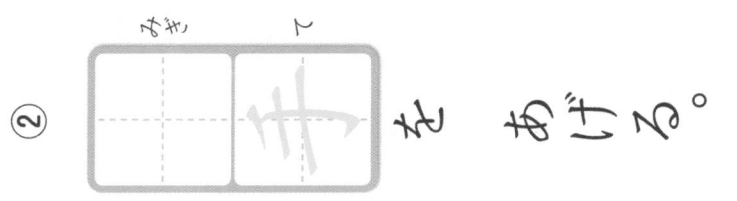り 口から [は]いる。

② 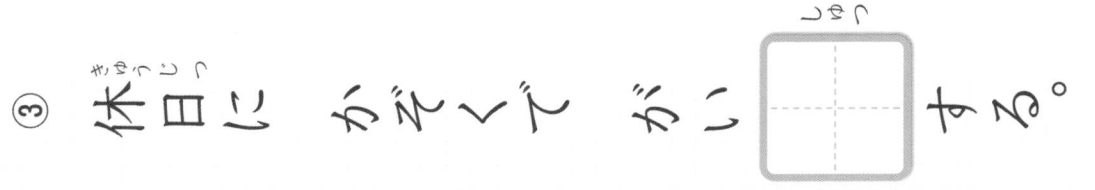を あげる。

③ 休日に かぞくと がい[しゅ]する。

④ 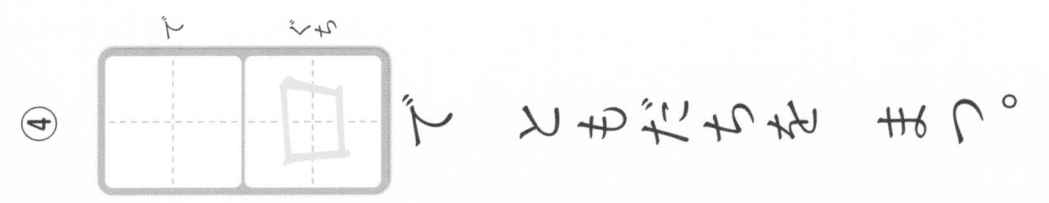て ともだちを まつ。

9

立・休・見

月　　日

こたえ ▶ **76** ページ

1 かん字の れんしゅうを しましょう。

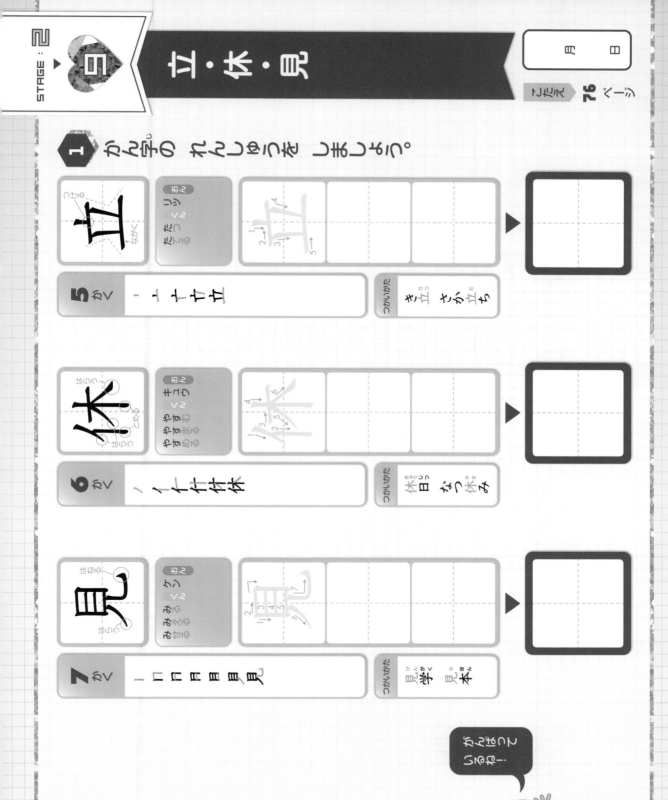

立
したゅう
なかく

おん リツ
くん たつ
たてる

5かく 一 丶 ㇒ 立 立

つかいかた
き<ruby>立<rt>りつ</rt></ruby>つ
さか<ruby>立<rt>だ</rt></ruby>ち

休
はらい
とめる
はらい

おん キュウ
くん やすむ
やすまる
やすめる

6かく 丿 亻 仁 什 休 休

つかいかた
<ruby>休<rt>きゅう</rt></ruby><ruby>日<rt>じつ</rt></ruby>
なつ<ruby>休<rt>やす</rt></ruby>み

見
はらう
はらい

おん ケン
くん みる
みえる
みせる

7かく 一 冂 冂 目 目 目 見

つかいかた
<ruby>見<rt>けん</rt></ruby><ruby>学<rt>がく</rt></ruby>
<ruby>見<rt>み</rt></ruby><ruby>本<rt>ほん</rt></ruby>

がんばって
いてね！

２ ——せんの かん字の よみがなを かきましょう。

（　　　　）

① き立する

（　　　　）

② 休日<ruby>日<rt>じつ</rt></ruby>　★休日…やすみの 日。

（　　　　）

③ 見<ruby>学<rt>がく</rt></ruby>する

（　　　　）

④ なつ休み

３ □に あてはまる かん字を かきましょう。

① けん <ruby>□<rt>りつ</rt></ruby> としょかんに いく。
★けんりつ…けんの お金で つくって けんが うんえいを すすめる こと。

② テレビで ニュースを <ruby>□<rt>み</rt></ruby> る。

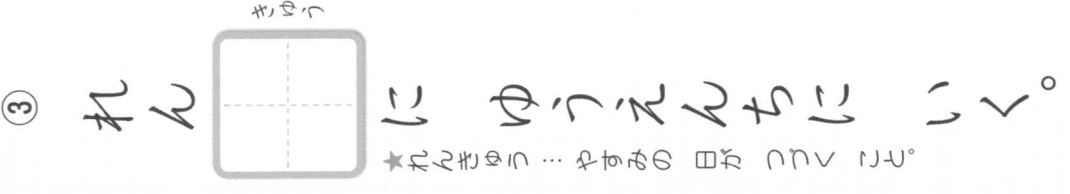

③ れん <ruby>□<rt>きゅう</rt></ruby> に ゆうえんちに いく。
★れんきゅう…やすみの 日が つづく こと。

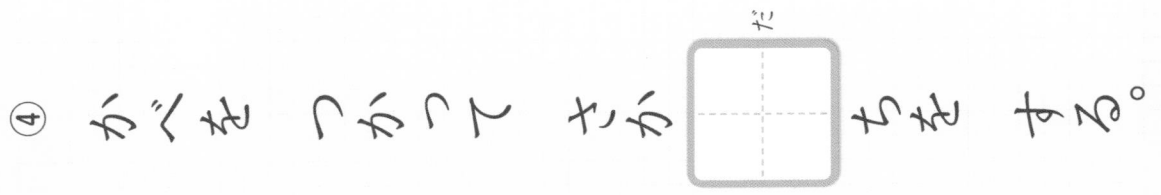

④ かべを つかって さか <ruby>□<rt>だ</rt></ruby> ちを する。

おしゃれの まとめしき ▶ コンクリートのかべや、せなかに せすじ ばっと。がっこうスカートに ぴったり。

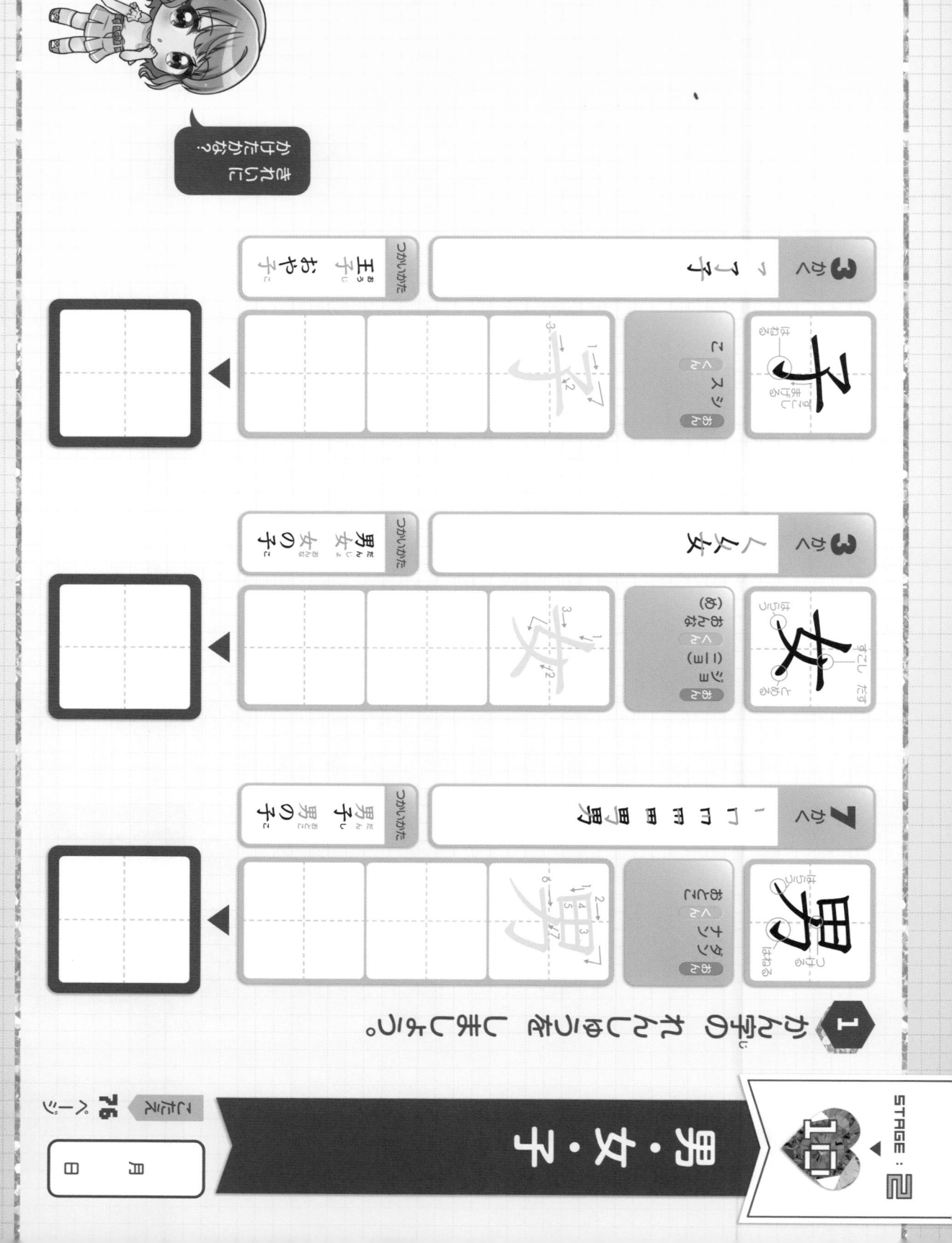

② ——せんの かん字の よみがなを かきましょう。

( ) 　　　　　　　　　　　( )

① 男の子　　　　　　② しょう女
　　　　　　　　　★しょう女…年下の おんなの人。

( ) 　　　　　　　　　　　( )

③ 王子　　　　　　　④ ちょう男
　　　　　　　　　★ちょう男…おとこの こどもの
　　　　　　　　　中で、はじめに 生まれた こ。

③ □に あてはまる かん字を かきましょう。

① キリンの おや□（こ）を 見る。

② □（だん）□（じょ）に わかれる。

③ □（おお）□（おとこ）が あるく。

④ □（おんな）の 人が 手を ふる。

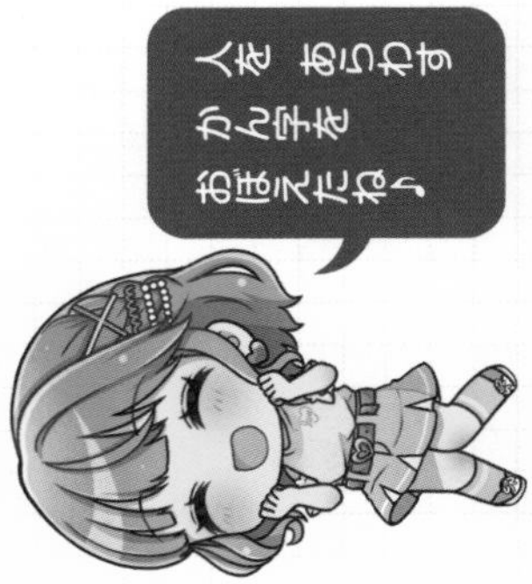

人を あらわす かん字を おぼえたね♪

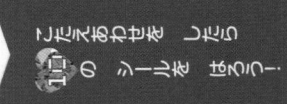

◆ おしょうの まとめ ▶ しょうには、おんなの 人が きる
ふくをした 人ぶつの ことだよ。

きれいに
かいてね！

STAGE：11

人・王・天

いつする？ ページ 77

月　日

1 かんじの かきじゅんを たしかめましょう。

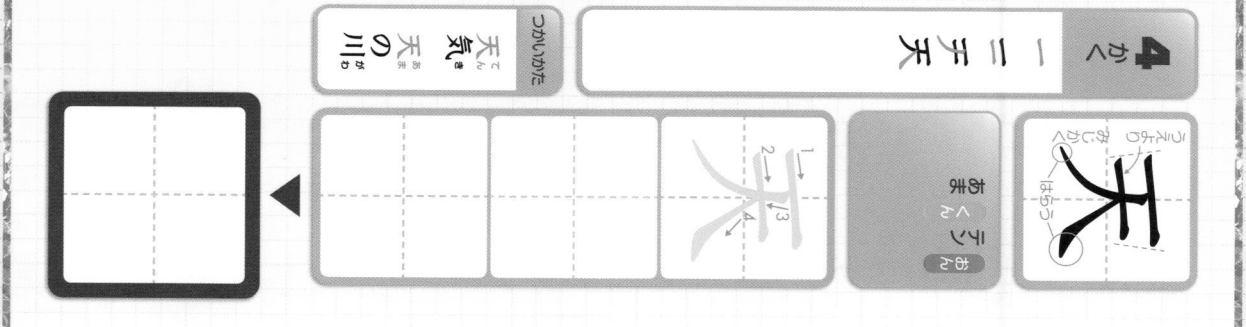

人

2画

ひと
ニン・ジン

そえる

つかいかた
人（ひと）
人（にん）ずう
人（り）おり

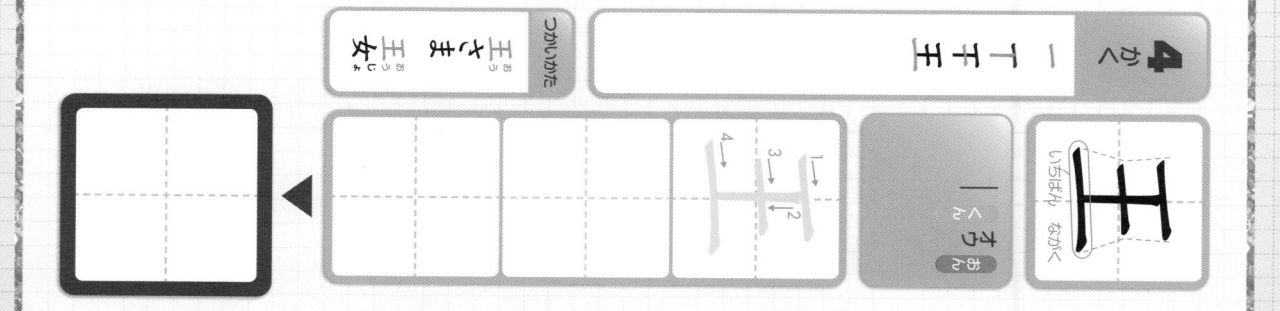

王

4画

一 T 干 王

オウ

いちばん たかく

つかいかた
王（おう）さま
王（おう）じ
女王（じょおう）

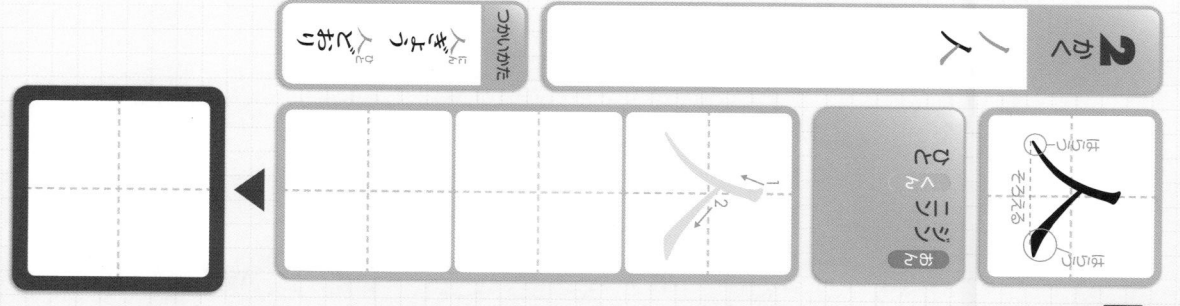

天

4画

一 二 チ 天

テン
あめ・あま

はらう

つかいかた
天気（てんき）
天（あま）の川（がわ）

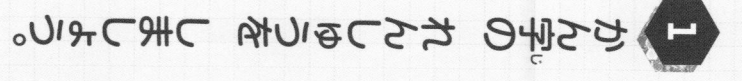
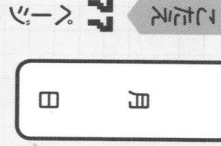

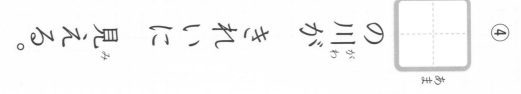

キュートな
おおきな目(め)は
大(おお)きすぎないほうが
大人(おとな)っぽく見(み)える。

おしゃれの まめちしき

日 □に あてはまる かん字を かきましょう。

① 三人目(さんにんめ)の □□（よう）が 生(う)まれる。

② あの子(こ)は、おしゃれの □（て）さきだ。

③ ひな□（た）は おしょうを かがる。

④ □（あ）の川(かわ)が きれいに 見(み)える。

日 ――せんの かん字の よみがなを かきましょう。

③ 天気(てんき)よほう が いい。 （　　　　）

① ＿＿へ 人 （　　　　）（　　　　）

④ 人どおり （　　　　）

② 王さま （　　　　）

34

2 ― せんの かん字の よみがなを かきましょう。
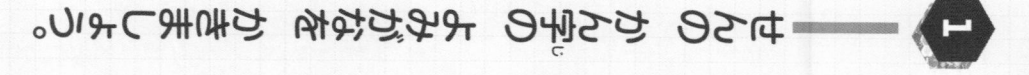

①
さか上（　）あがり
あたまの上（　）。
じ上（　）の おへや。

②
い
え
を
出（　）す。
出（　）かける
出（　）る

1 ― せんの かん字の よみがなを かきましょう。

⑤ 立ち上がる（　）
③ 入ぎょうする（　）
① はつ見する（　）

⑥ 三れん休み（　）
④ 入口（　）
② みちの右（　）がわ。

STAGE：2
12
かん字の ふくしゅう②

こたえ　77ページ

月　日

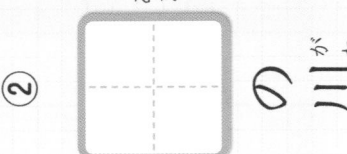

③ □に あてはまる かん字を かきましょう。

① 日[に]本[ほん] □[しん]

② □[あま] の 川[かわ]

③ □[じょう]□[げ]

④ □[さ]□[ゆう]

⑤ □[おう]□[じ] さま

⑥ □[だん]□[じょ]

④ ――せんの ことばを、かん字と ひらがなで かきましょう。

① けいかくを たてる。　　　　（　　　　　）

② へやに はいる。　　　　　　（　　　　　）

③ からだを やすめる。　　　　（　　　　　）

④ かいだんを おりる。　　　　（　　　　　）

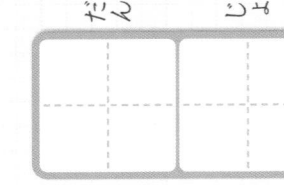

おさらいの まとめよう ▶ ナックンサポ、いくつ ひらや ぶらに あった ものを つけるのが ポイント！

あたらしい かん字の よみかたを おぼえよう

耳・目・口

べんきょうした　月　日

テスト　77ページ

1　かん字の かきじゅんを おぼえよう。

かく3　口
- くち・コウ・ク
- したを せまく
- かきじゅん：丨 冂 口（1・2・3）
- つかいかた：人口（じんこう）　口（くち）　口ぶえ（くちぶえ）

かく5　目
- め・モク（ぼく）
- ちゅうしん
- かきじゅん：丨 冂 冂 目 目（1・2・3・4・5）
- つかいかた：目（め）　目薬（めぐすり）

かく6　耳
- みみ・ジ（じ）
- まっすぐ・とめる
- かきじゅん：一 T F E 耳 耳（1・2・3・4・5・6）
- つかいかた：耳（みみ）　空耳（そらみみ）

② ──せんの かん字の よみがなを かきましょう。

（　　　　　）　　　　（　　　　　）

① 人口　★人口…すんで いる 人の かず。　② 目玉やき

（　　　　　）　　　　（　　　　　）

③ 空耳　　　　　　　　　　　　　　　④ 口ぶえ
★空耳…なにも きこえないのに
きこえた 気が する こと。

③ □に あてはまる かん字を かきましょう。

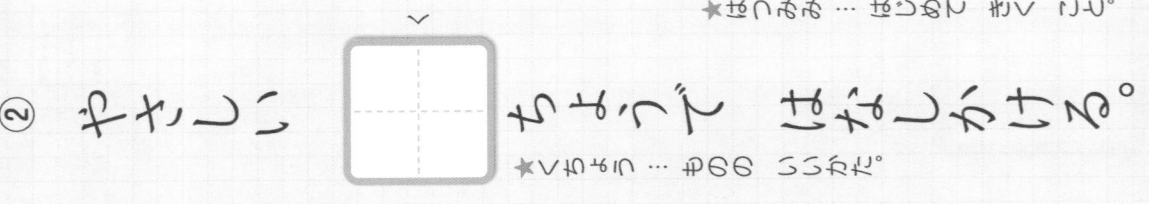

① その はなしは はじ□だ。
★はつみみ…はじめて きく こと。

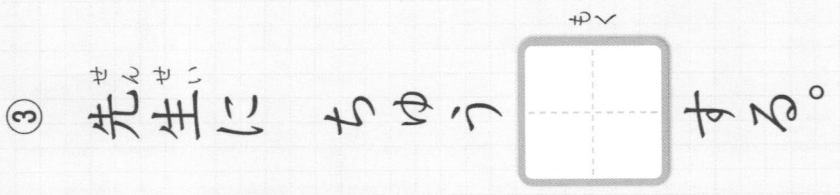

② やさしい □ちょうで はなしかける。
★くちょう…ものの いいかた。

③ 先生に ちゅう□する。

④ □もとで そっと はなす。

おしゃれの まめちしき ▶ パンダは 大人ほど 白く なる ○。
白い ぶぶんが 大きく なるらしい。

こたえあわせを したら 13の シールを はろう！

すいすい かけるように なろう！

れんしゅう 77ページ

月　日

STAGE 14 三

手・足・力

1 かんじの かきじゅんを れんしゅうしよう。

4かく 手

つかいかた　かしゅ　て　てがみ

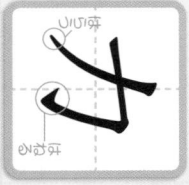 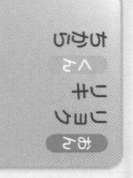 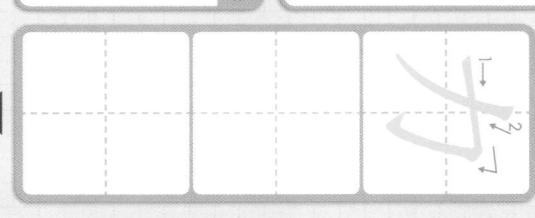 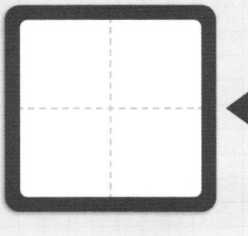

7かく 足

一 ロ ロ 尸 尸 足 足

つかいかた　えだあし　あし　あしと

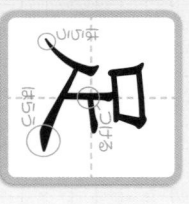 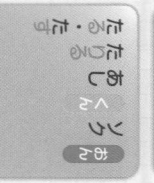  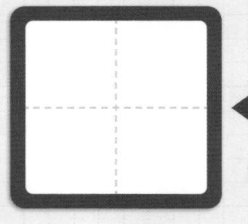

2かく 力

フ 力

つかいかた　ぜんりょく　ちから　ちからもち

② ──せんの かん字の よみがなを かきましょう。

① 手がみ （　　　　）

② えん足 （　　　　）

③ ぜん力 （　　　　）

④ 足あと （　　　　）

★ぜん力…ありったけの ちから。

③ □に あてはまる かん字を かきましょう。

① この ビーズの ゆびわは 〔りや〕□ 千だ。

★りやく…一千をべつに ついた せいひん。

② すきな か〔しゅ〕□ の うたを きく。

③ くつを 〔に〕□〔そく〕□ ならべる。

④ おとうさんは 〔ちから〕□ もちだ。

おしゃれの まめちしき　▶　ティアードスカートは、フリルなどが なんだんも かさなった スカートの こと。

こたえあわせを したら 下の シールを はろう！

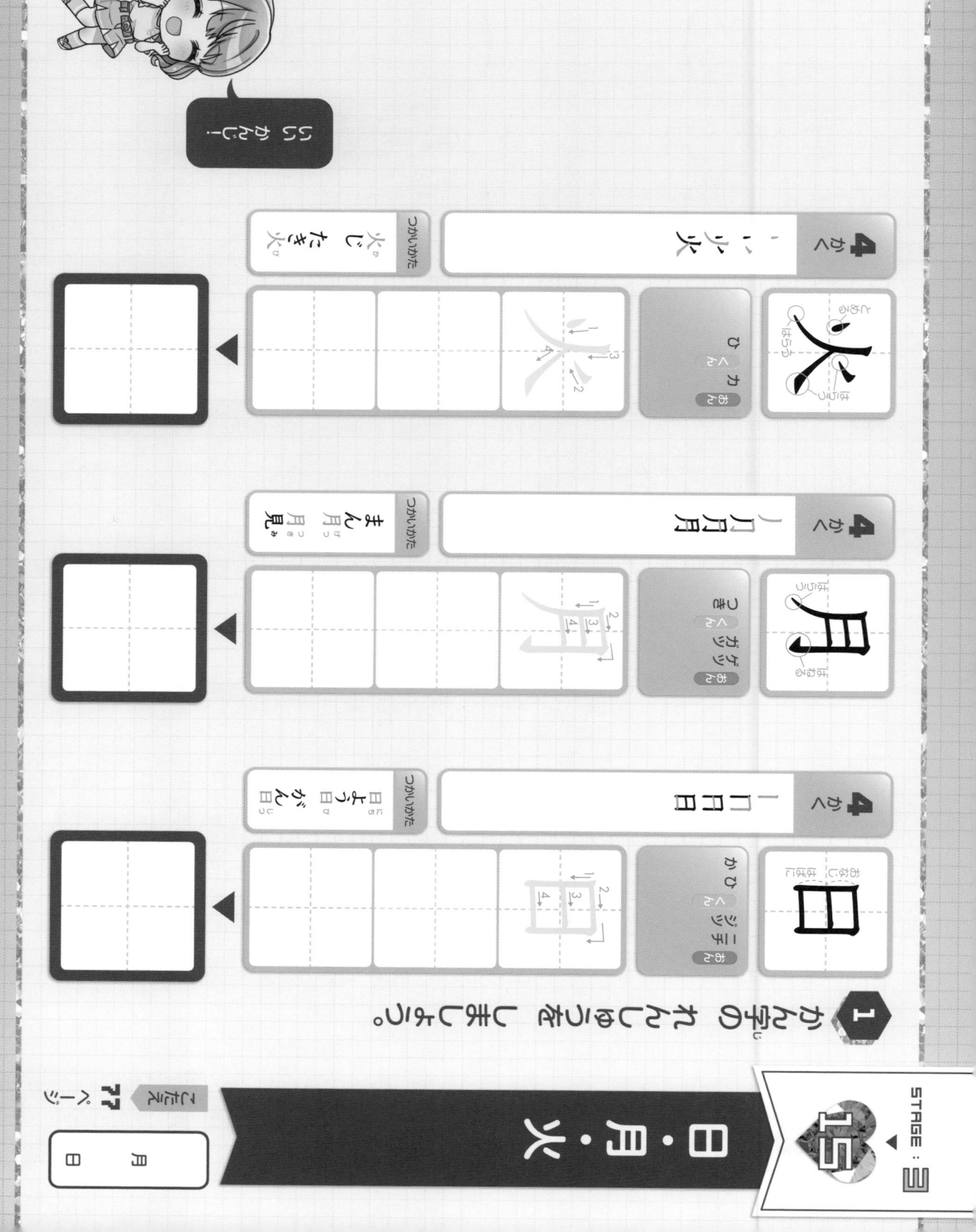

2 ──せんの かん字の よみがなを かきましょう。

(）　　　　　　　　　(）

① 日よう日　　　② 月見

(）　　　　　　　　　(）

③ 火じ　　　④ 二月七日

3 □に あてはまる かん字を かきましょう。

① まん□（げつ）を 見上げる。

② がん□（じつ）の あさに なる。
★がんじつ…年の はじめの 日。一月一日。

③ キャンプで たき□（び）を する。

④ あさ□（ひ）で 目が さめる。

| おしゃれの まめちしき | ▶ そらが ふわっと ふくらんだ ソフトな ガーリーな ファッションに ぴったり。 |

STAGE：16　三

水・木・金

ふくしゅう　78ページ

月　日

おぼえたかな？
なん回も かいて

1 かんじの ひつじゅんに きをつけて かきましょう。

 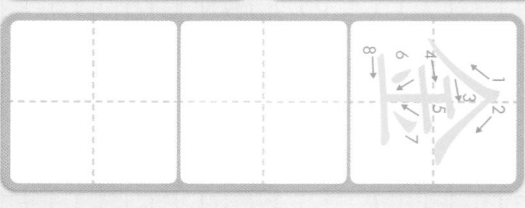 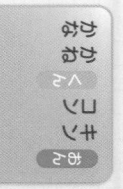 

かく4　すい・みず

つかいかた
水（すい）
水よう日
水たまり

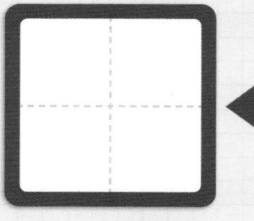 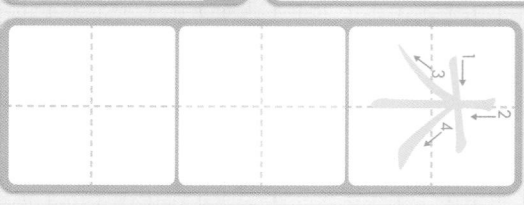 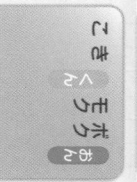 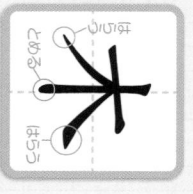

かく4　もく・き

つかいかた
木（き）
木よう日
木かげ

 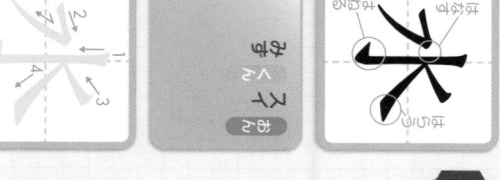 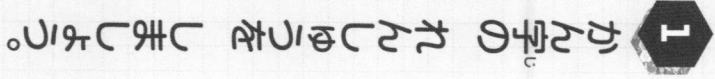  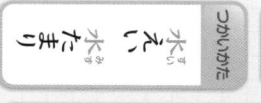

かく8　きん・かね・かな

つかいかた
金（きん）
金よう日
お金

2 ──せんの かん字の よみがなを かきましょう。

( ) ( )
① 水よう日　② 木よう日

( ) ( )
③ 金よう日　④ うえ木

3 □に あてはまる かん字を かきましょう。

① お[かね]を [きん]に 入れる。

② [すい]えいきょうしつに かよう。

③ [こ]かげで 休(やす)む。

④ [みず]たまりが できる。

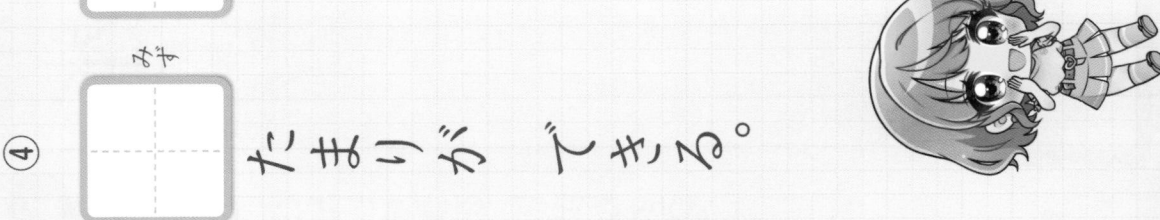

おしゃれの まめちしき ▶ ボリュームは、たかい いちで むすぶと はなやかに 見えるよ★

こたえあわせを したら 16の シールを はろう!

「字のかたちを よく見て かこうね。」

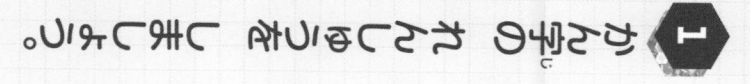

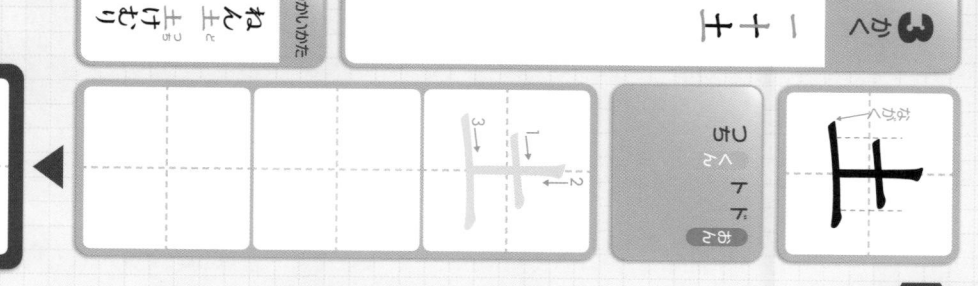

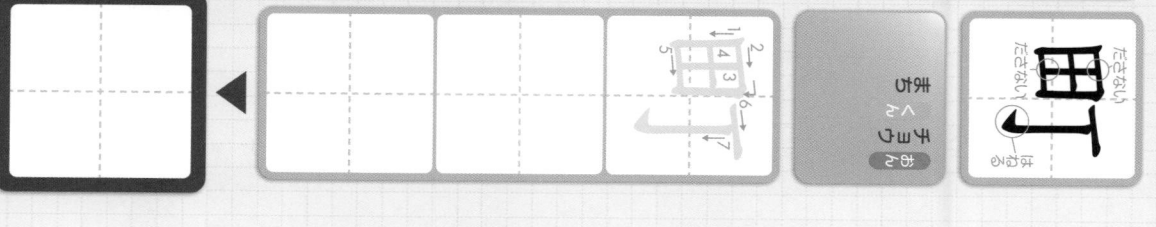

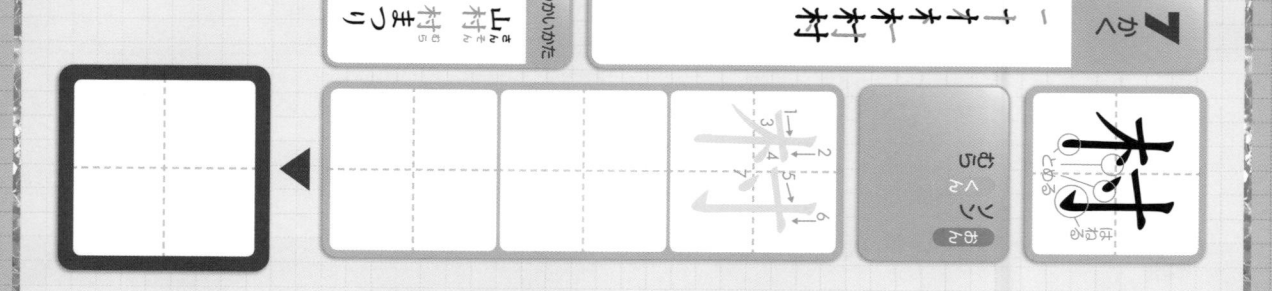

STAGE：13 三

土・町・村

れんしゅう 78ページ

月　日

1 かんじの ひつじゅんに きを つけてつよう。

土　ド・ト　つち
かく **3**
書きじゅん：一 十 土
つかいかた：ねんど　土もり

町　チョウ　まち
はねる　たさない
かく **7**
書きじゅん：丨 口 田 田 町
つかいかた：町なみ　町

村　ソン　むら
はねる
かく **7**
書きじゅん：一 十 オ 村
つかいかた：山村　村まつり

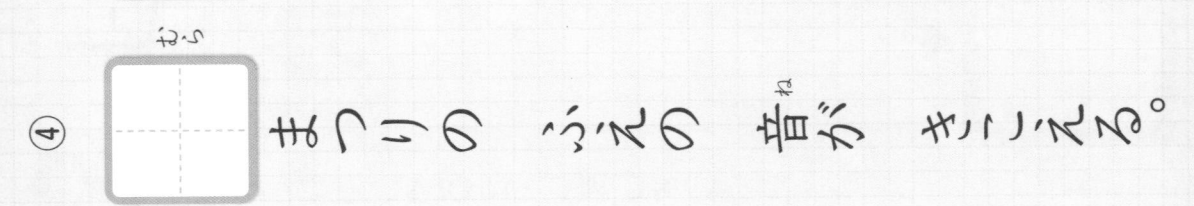
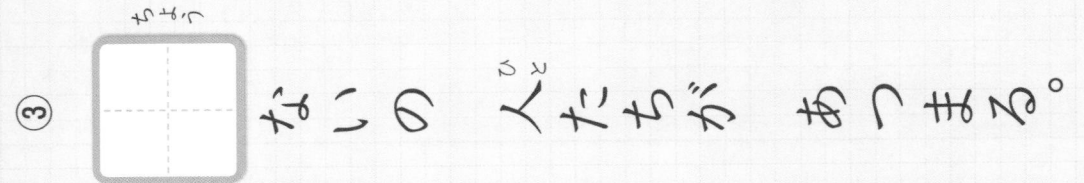

② ──せんの かん字の よみがなを かきましょう。

(　　　　)　　　　　(　　　　)

① 土よう日　　　② となり町

(　　　　)　　　　　(　　　　)

③ 村ちょう　　　④ 土けむり

③ □に あてはまる かん字を かきましょう。

① 小さな 〔山〕〔村〕 に すむ。
★山村…山の 中に ある 村。

② ねん 〔土〕 で うさぎを つくる。

③ 〔町〕 ないの 人たちが あつまる。

④ 〔村〕 まつりの ふえの 音が きこえる。

おしゃれの まめちしき ▶ ポニーテールは、かみの けの かみを すべて つうじて むすぶと おしゃれ♡

こたえあわせを したら □の シールを はろう！

かん字の ふくしゅう③

月　　日

こたえ 78ページ

1 ——せんの かん字の よみがなを かきましょう。

（　　　　）　　　　　　　　（　　　　）

① 日まきを つける。

② のう村の まつり。
★のう村…こめや やさいを そだてる 人の くらす 村。

（　　　　）　　　　　　　　（　　　　）

③ 月日が たつ。

④ きれいな 水いろ。

（　　　　）　　　　　　　　（　　　　）

⑤ 火よう日。

⑥ 町はずれの みせ。

2 ——せんの かん字の よみがなを かきましょう。

① { （　　　　）にわの 大木。
　　（　　　　）木かげで 休む。

② { （　　　　）まん足する
　　（　　　　）かけ足が はやい。
　　（　　　　）お金が 足りる。

3 　□に あてはまる かん字を かきましょう。

① （き）□ よう日

② （なか）□ （ま）□ たち

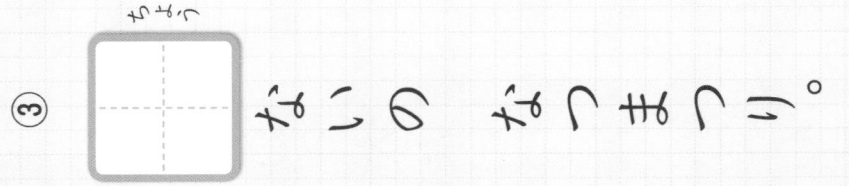

③ （ちょう）□ の なつまつり。

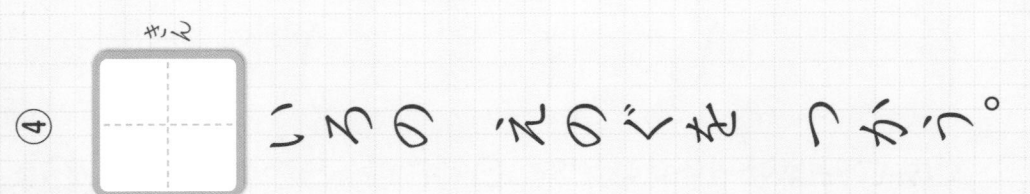

④ （きん）□ いろの えのぐを つかう。

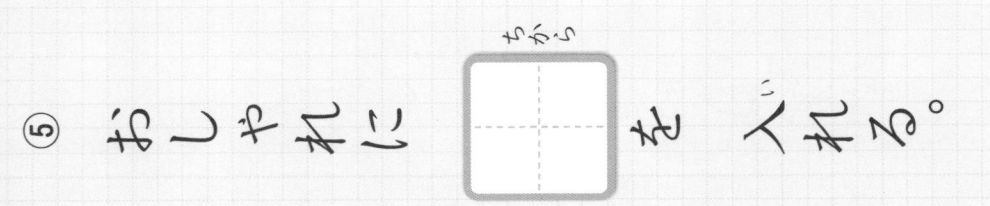

⑤ おしゃれに （ちから）□ を 入れる。

4 　□に からだの かん字を かきましょう。

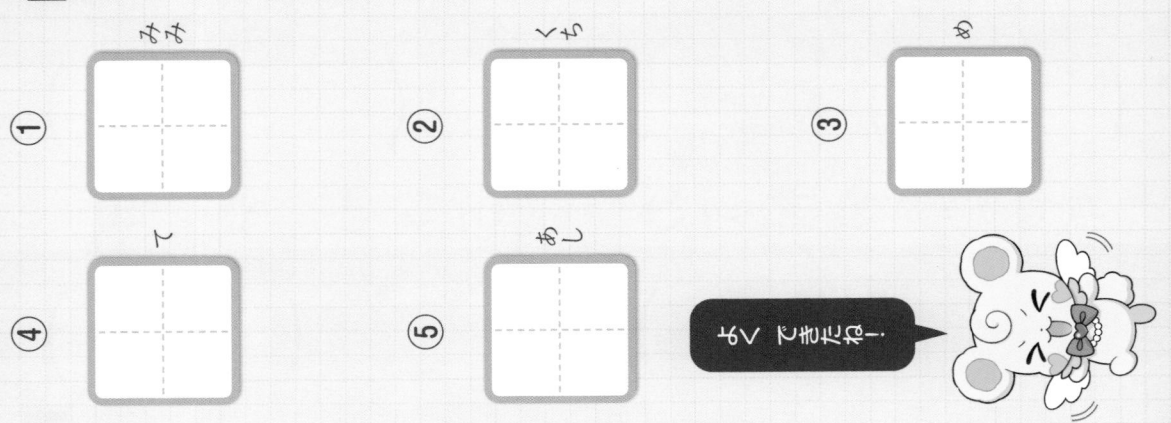

① （みみ）□

② （くち）□

③ （め）□

④ （て）□

⑤ （あし）□

よく できたね！

> おしゃれの まめちしき ▶ カチューシャや、ぴんや ゴムで、すきな いろを えらぶと ノートが きれいだよ◎

かん字を ていねいに おぼえよう！

1 かん字の かくにんを つけましょう。

7かく

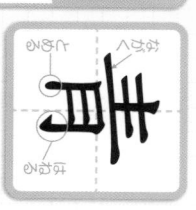
赤
せき
しゃく
あか
あか・い
あか・らむ
あか・らめる

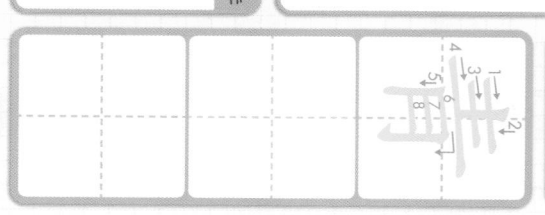
一 十 土 ナ 赤 赤 赤

つかいかた
赤（せき）ほん
赤（あか）とんぼ

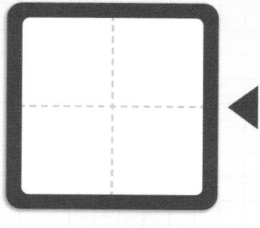

5かく

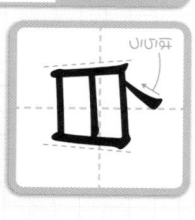
白
はく
びゃく
しろ
しろ・い
しら

ノ ′ ′ 白 白

つかいかた
白（はく）ちょう
白（しろ）い

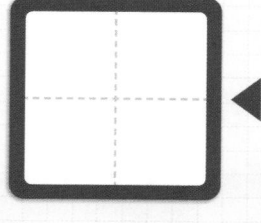

8かく

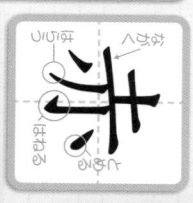
青
せい
しょう
あお
あお・い

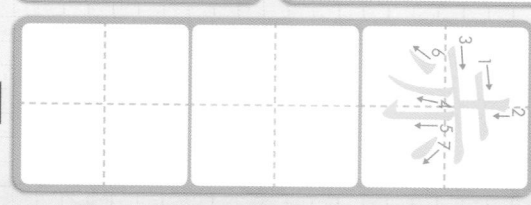
一 十 キ キ 主 青 青 青

つかいかた
青（せい）年
青（あお）空

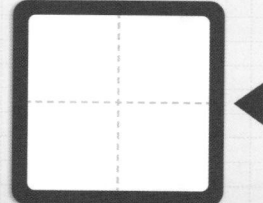

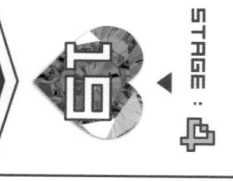

2 ──せんの かん字の よみがなを かきましょう。

（　　　　　）

① 赤はん
★赤はん…もちごめの中にあずきを入れてむしたこはん。

（　　　　　）

② 白ちょう

（　　　　　）

③ 青年_{ねん}
★青年…にじゅうくらいの わかもの。

（　　　　　）

④ 赤とんぼ

3 □に あてはまる かん字を かきましょう。

① <ruby>空<rt>おお そら</rt></ruby> が ひろがる。

② まっ □_{しろ} な スカートを えらぶ。

③ □_{あか} い スニーカーを はく。

④ 校_{こう}ていに □_{はく} せんを ひく。

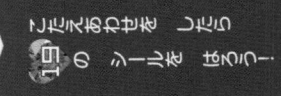

よく できたね！

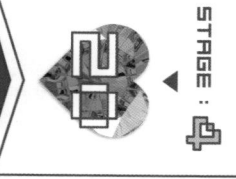

STAGE：4

竹・花・草

れんしゅう 70ページ

月　日

1 かん字の ひつじゅんに きをつけて、なぞりましょう。

6かく 竹

つかいかた
竹林（ちくりん）
竹（たけ）

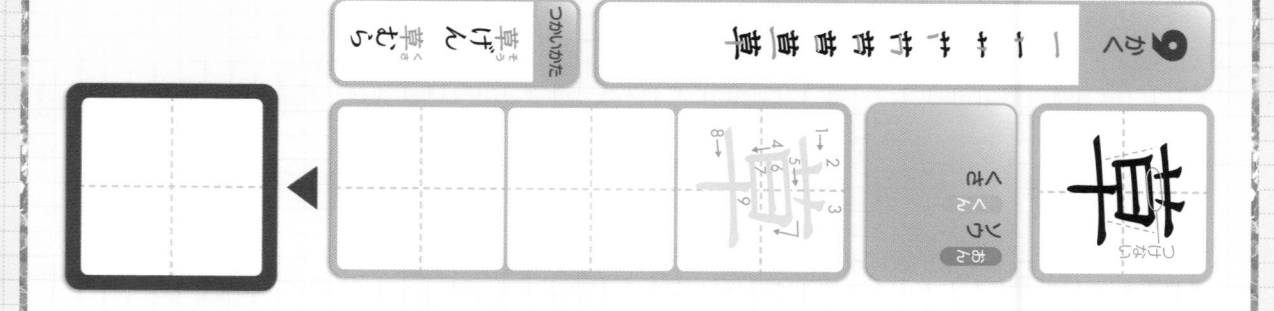

7かく 花

つかいかた
花火（はなび）
花（はな）

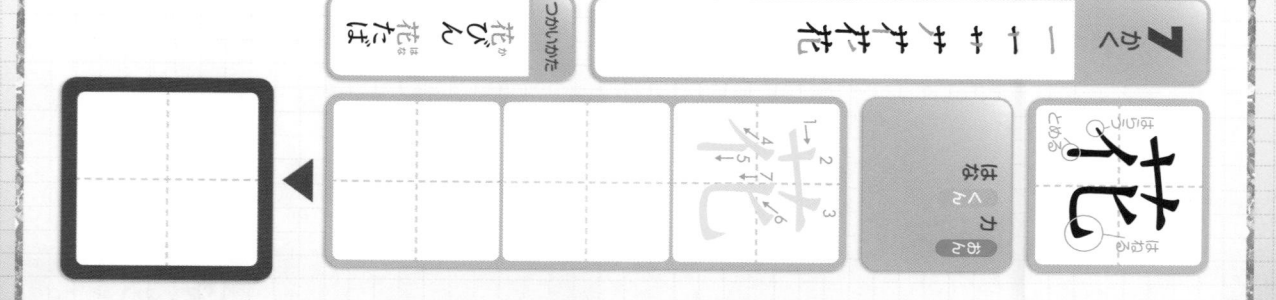

9かく 草

つかいかた
草原（そうげん）
草（くさ）

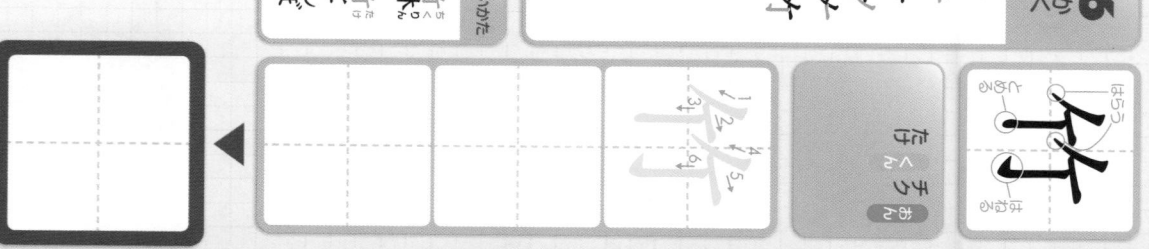

2 ──せんの かん字の よみがなを かきましょう。

( )
① 竹林 ★竹林…たけの林。

( )
② 花だん

( )
③ 草むら

( )
④ 竹とんぼ

3 □に あてはまる かん字を かきましょう。

① テーブルの 上（うえ）に □（か）びんを おく。

② パンダが □（たけ）を たべる。

③ うさぎが □（そう）げんを はしる。

④ はらの □（はな）たばを もらう。

しょくぶつの かん字を おぼえたね。

▶ アクセサリーや ゆびわや ヘアゴムなどを おしゃれに きこなす★

おしゃれの まとめよう

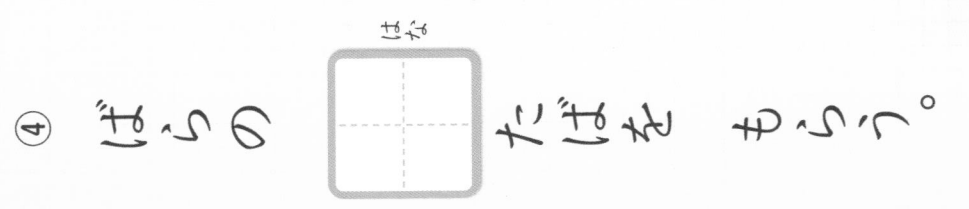

こたえあわせを したら 🐭の シールを はろう！

あたらしい かんじを おぼえたい！

7 かく

一 丨 冂 円 月 目 貝 貝

つかいかた
貝がら
貝

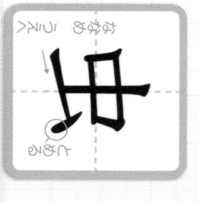

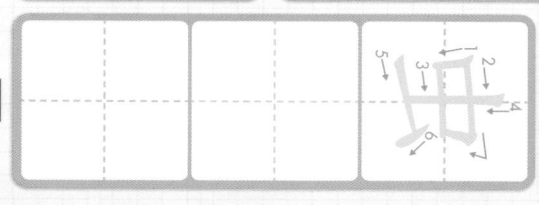

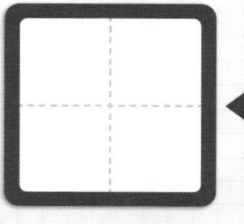

---

6 かく

一 丨 口 中 虫 虫

つかいかた
虫
虫めがね

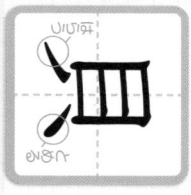

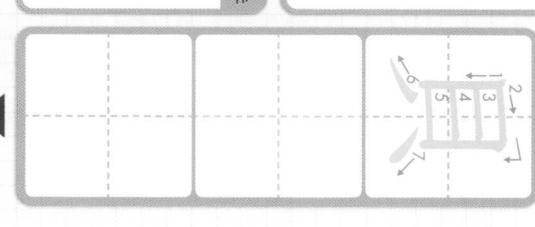

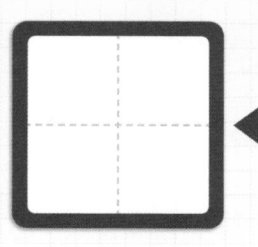

---

4 かく

一 ナ 大 大

つかいかた
おおきい 大きい
おとな 大人
だいしょう 大小

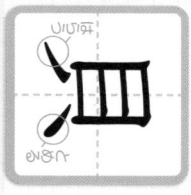

---

1 かんじの かきじゅんを ただしく つきとめよう。

STAGE ▶ 4

大・虫・貝

れんしゅう 64ページ

月　日

53

2 ──せんの かん字の よみがなを かきましょう。

①　もうどう犬　（　　　　　）　②　こん虫　（　　　　　）

③　まき貝　（　　　　　）　④　虫めがね　（　　　　　）

3 □に あてはまる かん字を かきましょう。

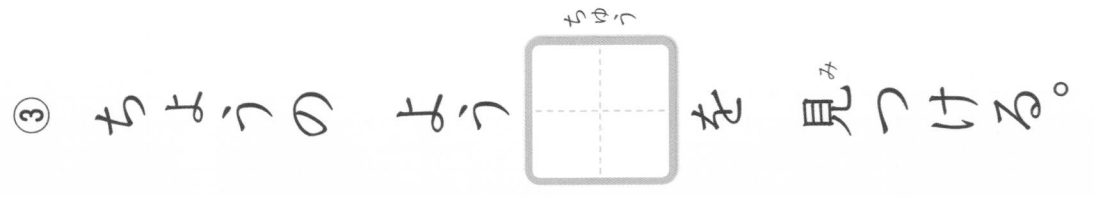

①　人ごみに、ばん[けん]には むかない。
★ばんけん…いえの 見はりを させる いぬ。

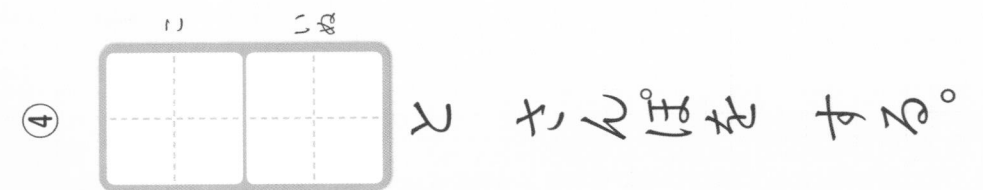

②　[貝]がらを あつめる。

③　ちょうの よう[ちゅう]を 見つける。

④　[こ][ちゅ]と さいほを する。

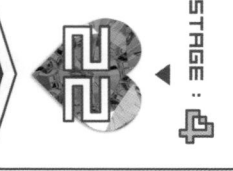

山・川・森・林

月　日

① かん字の ひつじゅんと つかいかた。

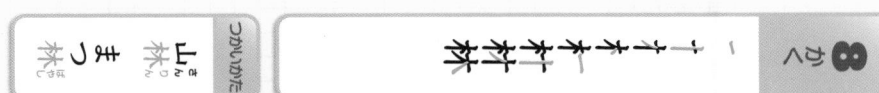

8かく

一ナオ木木村林

つかいかた
山林（さんりん）
林（はやし）

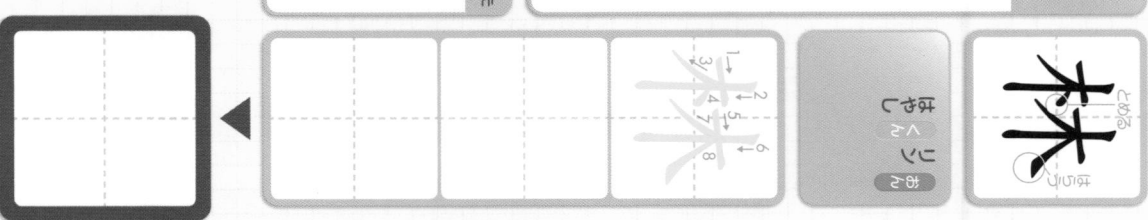

林
とめる　はらい　はねる

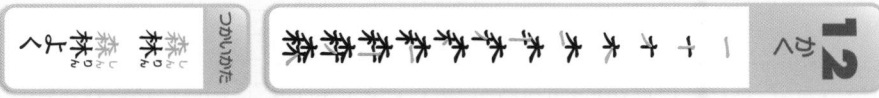

12かく

一ナオ木オ村村村森森森森

つかいかた
森（もり）
森林（しんりん）

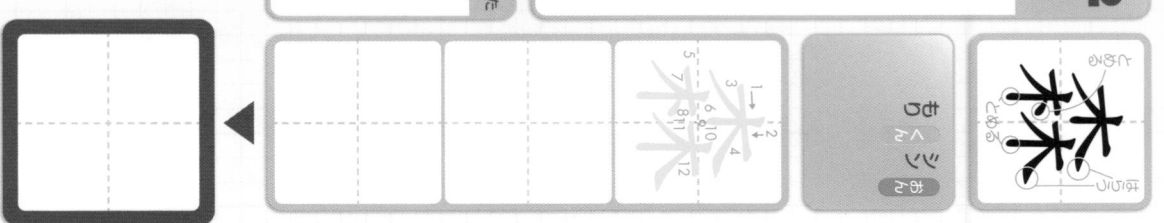

森
とめる　はらい　はねる

3かく

ノ川川

つかいかた
川（かわ）
小川（おがわ）

川
はねる　はらい　とめる

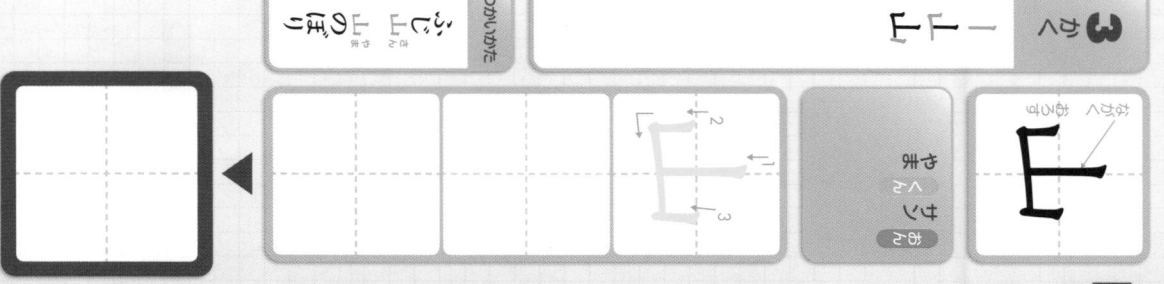

3かく

１山山

つかいかた
山（やま）
火山（かざん）
山のぼり

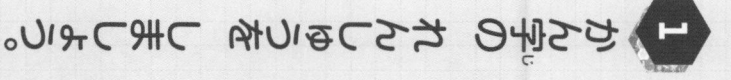

山
とめる　はねる　とめる

② ——せんの かん字の よみがなを かきましょう。

（　　　　　）　　　　（　　　　　）

① ふじ山　　　　② 川ぎし

（　　　　　）　　　　（　　　　　）

③ 森林よく　　　　④ まつ林

★森林よく…森林に入って きれいな
空気を すって あるく こと。

③ □に あてはまる かん字を かきましょう。

① 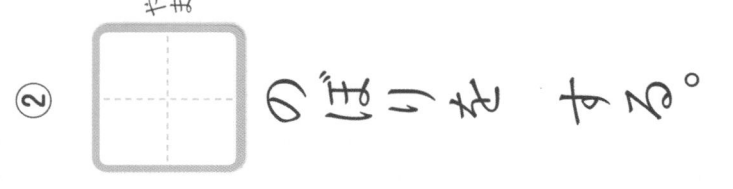 りを たのしむ。

② ［やま］ のぼりを する。

③ ［もり］ の 中を あるく。

④ ［たん］［りん］ の ごみを ひろう。

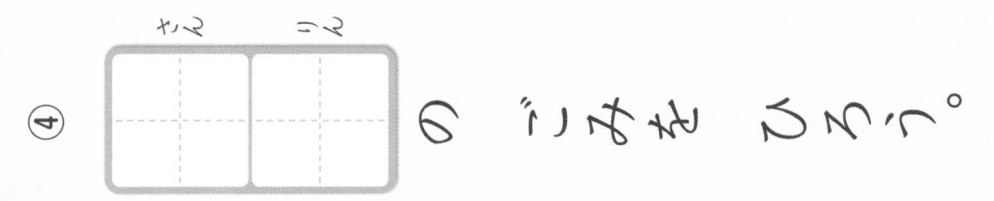

——せんの かん字を
おぼえよう。

 ちいさくを かたかに する にて、
ワイハア…… という。

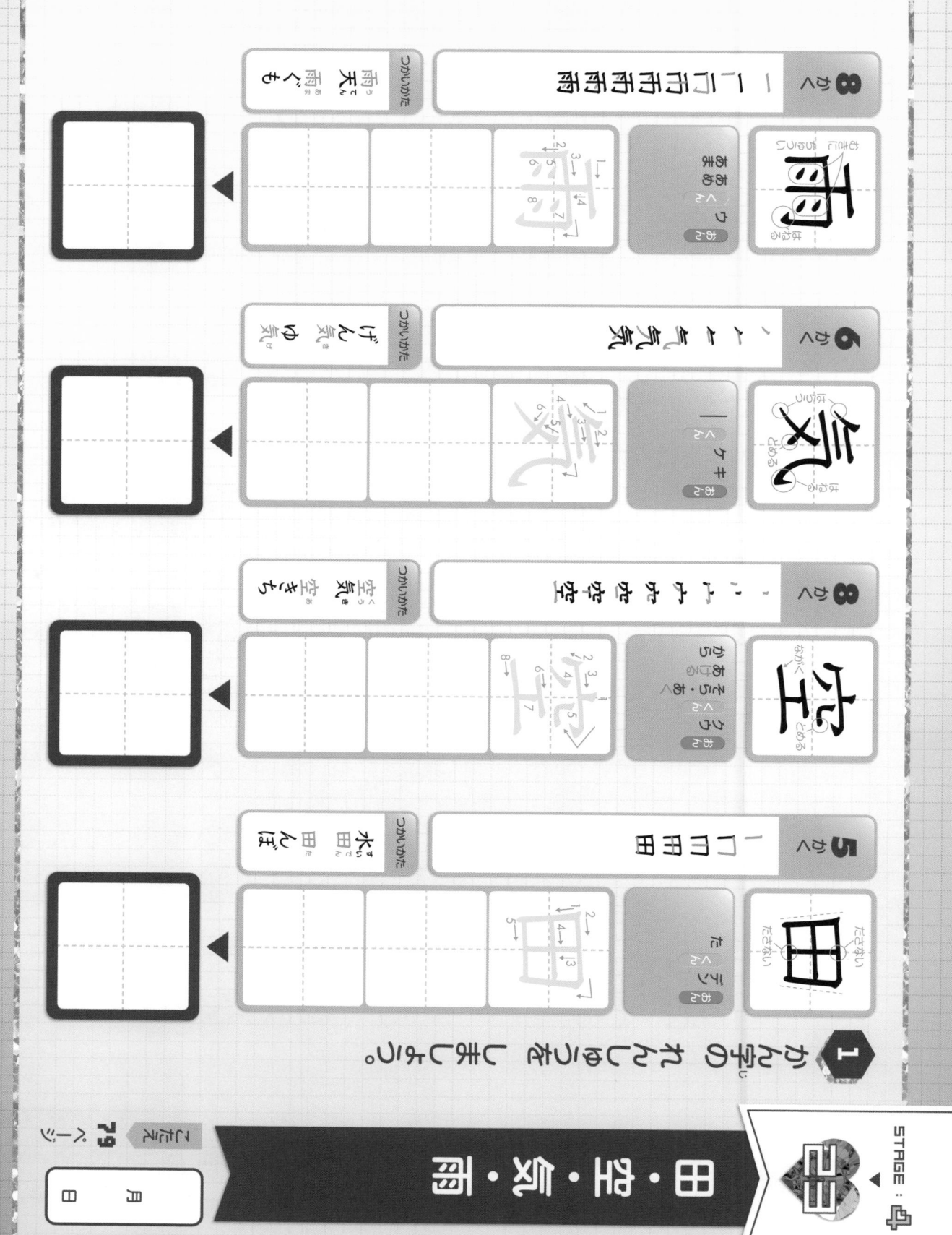

こたえ　79ページ

月　日

① かん字の ひつじゅんを たしかめて つけましょう。

田
かく5
た・デン
つかいかた
水田 すいでん
田んぼ たんぼ

空
かく8
そら・あく・から・あける・あく
カ・クウ
つかいかた
空気 くうき
空 そら

気
かく6
ケ・キ
つかいかた
気 き
気もち きもち

雨
かく8
あめ・あま・ウ
つかいかた
雨 あめ
雨天 うてん
雨 あめ

2 ——せんの かん字の よみがなを かきましょう。

（　　　　　　　　）　　　　（　　　　　　　　）

① 空気

② ゆ気が 立つ。

（　　　　　　　　）　　　　（　　　　　　　　）

③ 雨天

④ 田んぼ

★雨天…てんきが あめで あること。

3 □に あてはまる かん字を かきましょう。

> ていせんの かん字は
> はっきりと かこう

① わたしは げん［き□］だ。

② ふう［う□］が つよく なる。

★ふうう…かぜと あめ。

③ ［た□］［でん□］に なえを うえる。

★すいでん…みずを はって いねなどを うえる たんぼ。

④ ［そら□］に ［あま□］ぐもが ひろがる。

♥ おしゃれの まほうじき ♥ ▶ ボリュームを ねっとで しっかり とめたら かんたん おだんごヘアの かんせい♡

こたえあわせを したら □の シールを はろう!

かん字の ふくしゅう④

月　　日

こたえ 79ページ

1 ——せんの かん字の よみがなを かきましょう。

①　ガラスの 花びん。（　　）
②　山びこ（　　）　★やまびこ…山などで 音や こえが はねかえって くること。
③　きれいな 空気。（　　）
④　白ゆきひめ（　　）
⑤　森林こうえん（　　）
⑥　青虫を 見つける。（　　）

2 ——せんの かん字の よみがなを かきましょう。

①　空に うく くも。（　　）
　　空きもちの 草花。（　　）
　　空っぽの はこ。（　　）

②　ふう雨が ふく。（　　）
　　雨ふりの 日。（　　）
　　雨がさを さす。（　　）

3 □に あてはまる かん字を かきましょう。

① ［しろ］□い ［か］□らだ に ひかう。

② ［いぬ］□に ［おお］□い くじ を しける。

③ ［あか］□とんぼ は ［ちゅう］□の なかまだ。

④ のはらの ［くさ］□［はな］□ の 名[な]を しらべる。

4 □に しぜんの かん字を かきましょう。

① ［もり］□

② ［はやし］□

③ ［たけ］□

④ ［た］□

⑤ ［かわ］□

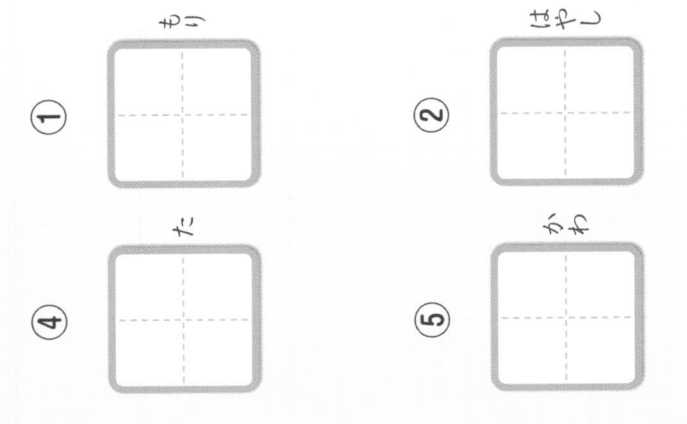

おうちの かたへ ▶ ワンステップアップや、シールを つかって なんども チャレンジしてね★

できたねシールを はって、□の シールを はろう！

みんな がんばって！

こたえ　79ページ

月　日

STAGE：5

年・校・学

① かん字の かこう じゅんを つけましょう。

か6

年

とし
ネン
なが（い）

つかいかた
年下（としした）
学年（がくねん）
年（とし）

か10

校

コウ

つかいかた
学校（がっこう）
校（こう）
学校（がっこう）

か8

学

まなぶ
ガク

つかいかた
学年（がくねん）
小学生（しょうがくせい）
学生（がくせい）

② ──せんの かんじの よみがなを かきましょう。

（　　　　　　　）　　（　　　　　　　）

① 小学生^{せい}　　② 学校

（　　　　　　　）　　（　　　　　　　）

③ 年がじょう　　④ 年上

③ □に あてはまる かんじを かきましょう。

① みんなで ⬚^{こう} こい あんう。

② らい ⬚^{ねん} も がんばろう。

③ こくごを ⬚^{まな} ぶ。

④ ⬚⬚^{とし した} の 子と あそぶ。

いろんな かんじが かけるように なったね。

ペンでなぞりながら おぼえてね。
べんきょうの かん字を

STAGE : 5

完

先・生・文

① かん字の ただしい かきじゅんを つけましょう。

4 かく 、一ナ文

文 ぶん
（ブン）（モン）
ふみ

つかいかた
文ぶん
文しょう

5 かく 、ノ 仁 牛 生

生 セイ・ショウ
いきる・いかす・いける・うまれる・うむ・おう・はえる・はやす・き・なま・（お）・（う）・（は）・（な）
なまる

つかいかた
先生せんせい
生きもの

6 かく 、ノ 仁 牛 先

先 セン
さき

つかいかた
先生せんせい
先月せんげつ
さき先

2 ──せんの かん字の よみがなを かきましょう。

（　　　　　）　　　　（　　　　　）
① 先生　　　　　　② 生やさい

（　　　　　）　　　　（　　　　　）
③ 生きもの　　　　④ 文しょう

3 □に あてはまる かん字を かきましょう。

① せん げん [　][　]、やく ぶん[　]を かいた。

② こう しょう [　][　] けんめいに はしる。

③ フルーツパフェを ちゅう もん[　] する。

④ みんなより さき[　] に かえる。

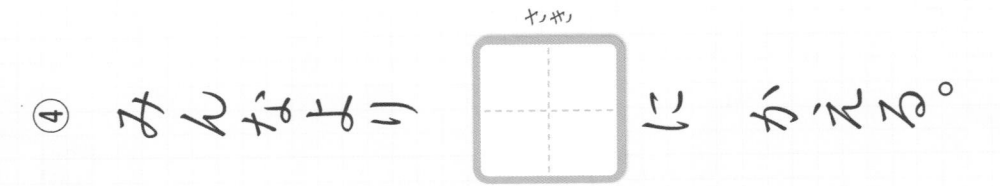

おしゃれの まめちしき ▶ かおの 上(うえ) はんぶんだけを 口(くち)に むけると、ピエロふうの かおせい♡

こたえあわせを したら 54 ページの シールを はろう！

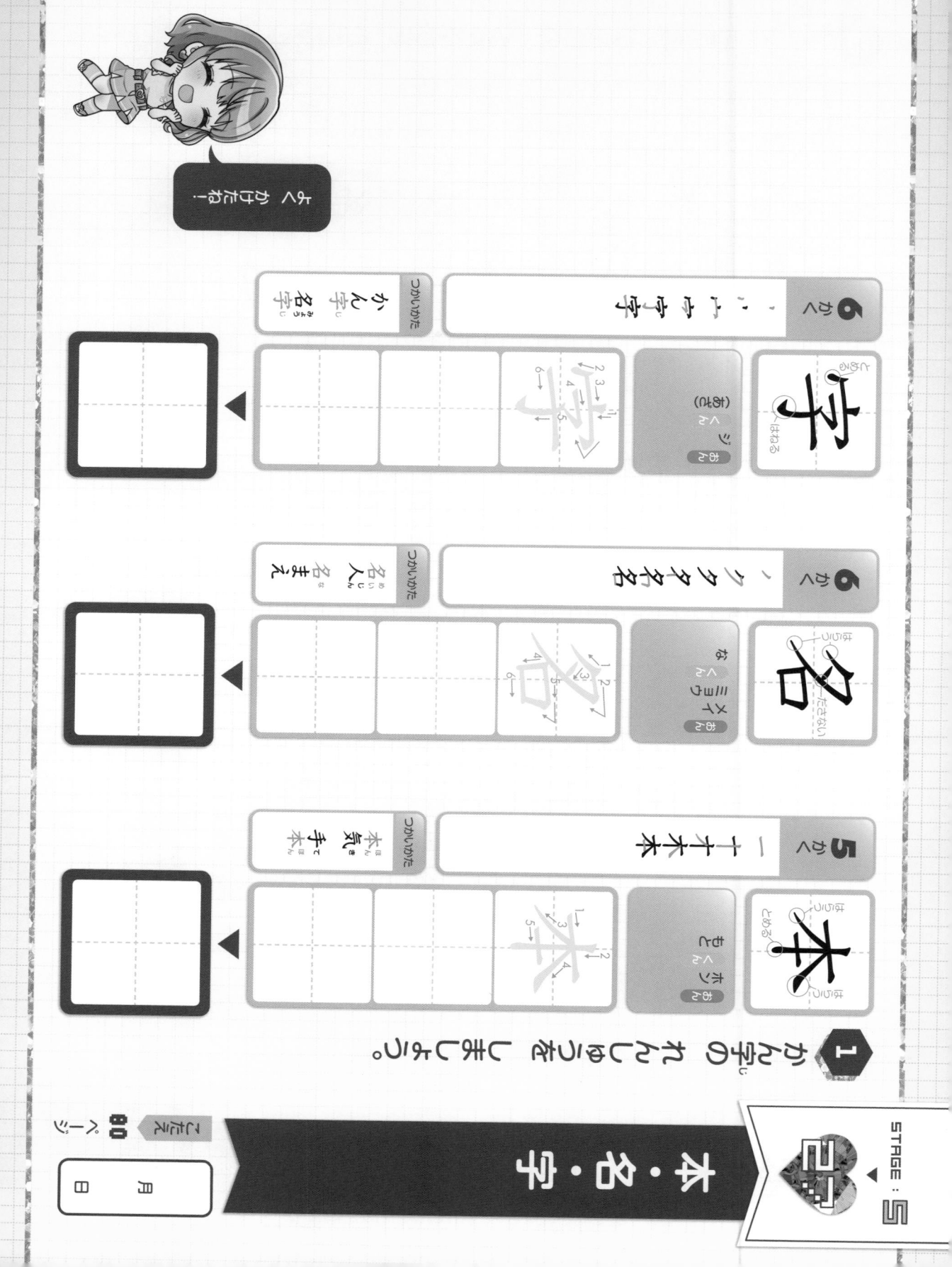

STAGE：5

木・名・字

もくひょう 08 ページ

月 日

1 かんじの かきじゅんに きをつけて かこう。

5かく 本
ほん・もと・ホン（ボン）
一 十 オ 木 本
つかいかた：本気（ほんき）・手本（てほん）・本（ほん）

6かく 名
な・ミョウ・メイ
, ク タ 夕 名 名
つかいかた：名字（みょうじ）・名人（めいじん）・名まえ

6かく 字
ジ（あざ）　はねる
, ' ウ 宁 字 字
つかいかた：字（じ）・かん字・名字

がんばってね！

2 ——せんの かんじの よみがなを かきましょう。

(   )   (   )

① <u>え</u><u>本</u>   ② <u>ゆう名</u>

(   )   (   )

③ <u>かん字</u>   ④ <u>本名</u>

★本名…ほんとうの なまえ。

3 □に あてはまる かんじを かきましょう。

① [ほん][き] に なって がんばる。

② [みょう][じ] と [な] まえを かく。

③ [て][ほん] を 見ながら じを かく。

④ おりがみの [めい][じん]。

おしゃれの まめちしき ▶ スカートが ふわりと ふくらむ ドレスの ことを、「フレアスカート」と いうよ◎

かん字の れんしゅうを したら □の シールを はろう！

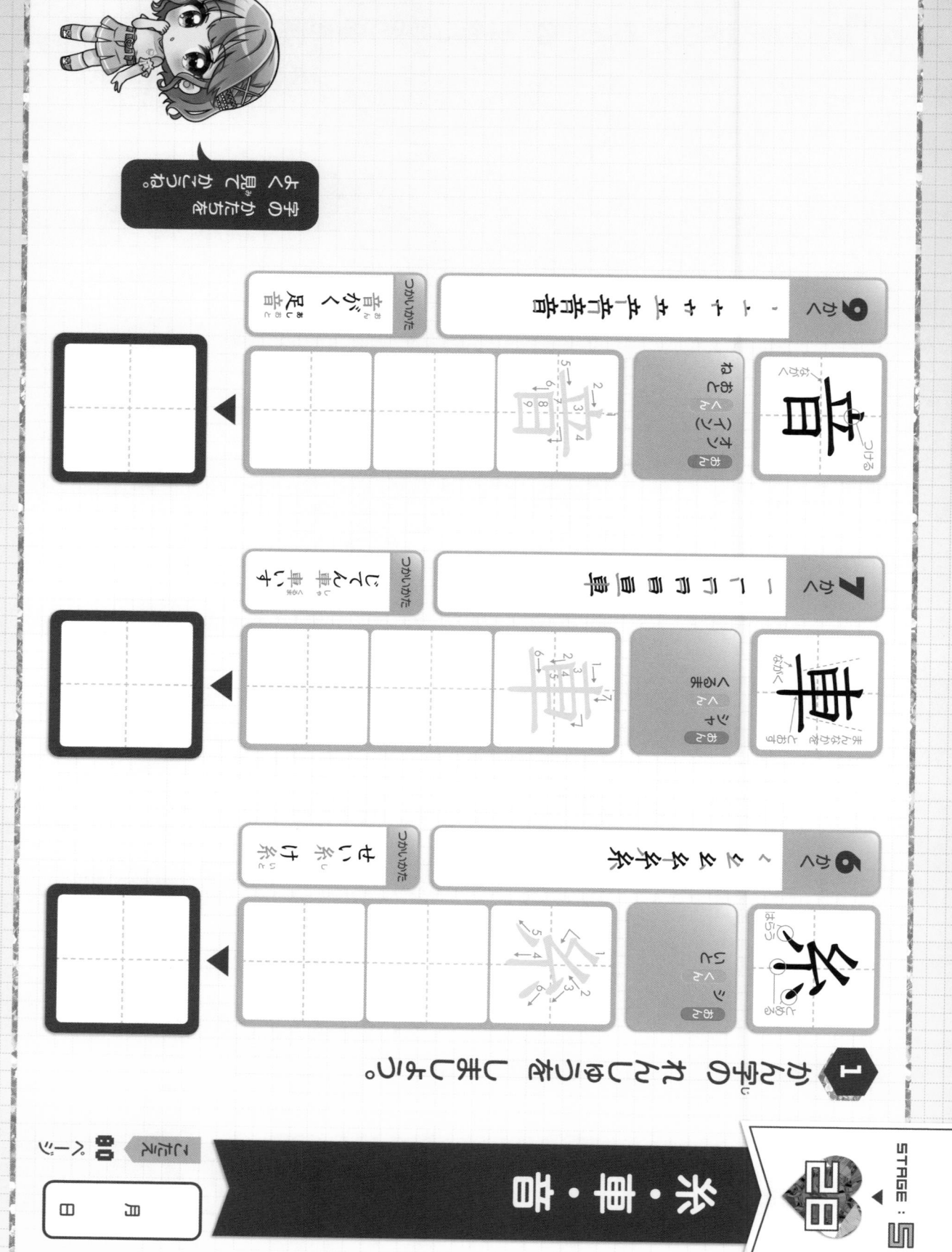

番

糸・車・音

リズム ▶ 88ページ

月　日

字の 見本を
よく見て
かこうね。

1 かん字の ひつじゅんを つけよう。

糸 いと（シ）
つかいかた
いと
せいと
けいと

車 くるま（シャ）
かく7
つかいかた
じどうしゃ
でんしゃ

音 おと ね（オン）（イン）
かく9
つかいかた
おと
あしおと
おんがく

二 ──せんの かん字の よみがなを かきましょう。

（　　　　）　　　　（　　　　）

① せい糸　★せい糸…いとを つくる こと。

② じてん車

（　　　　）　　　　（　　　　）

③ 音がく

④ 糸でんわ

三 □に あてはまる かん字を かきましょう。

① ラジオに □(おん)が 入(はい)る。

★おんせん… しっかりな つたわり おと。

② □(け)の マフラーを まく。

③ □(くるま)が はつ□(しゃ) する。

④ 小(ちい)さな □□(あし)(おと)が きこえる。

おしゃれの まめちしき ▶ ふわっと ふくらんだ そでの ふくを、パフスリーブと いうよ。

こたえあわせを したら 右の シールを はろう！

かけたかな？
まちがいは
ないかな？

STAGE : 5

漢字

夕・日・早

1 かん字の ひつじゅんを おぼえよう。

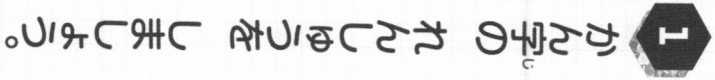

3 ゆう、セキ
（音）ゆう
（訓）ゆう

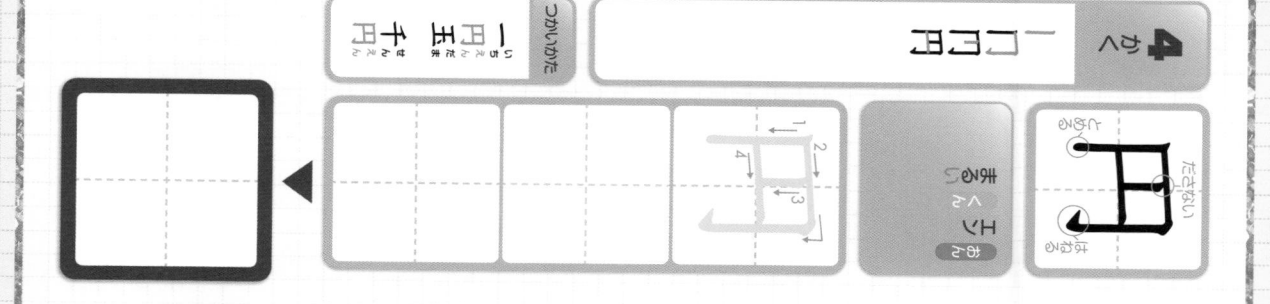

つかいかた
ゆうひ
ゆうがた
夕日

4 ニチ、ジツ
（音）ニチ
ひ・び・か

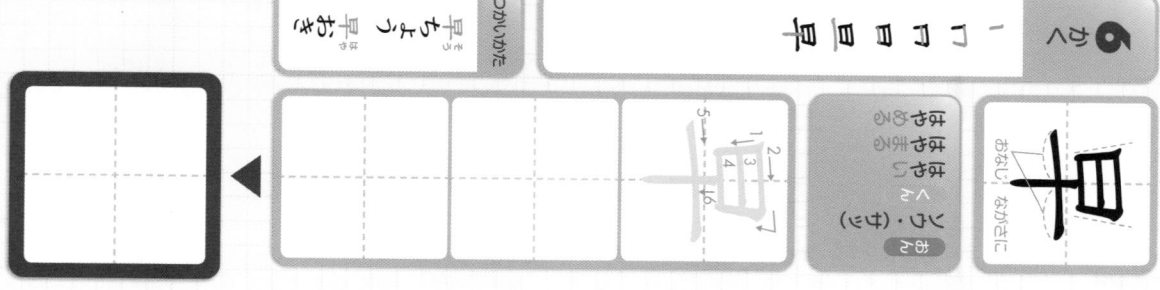

つかいかた
一日
日よう日
千日手

6 ソウ・サッ
（音）
はや・はやい
はやまる
はやめる

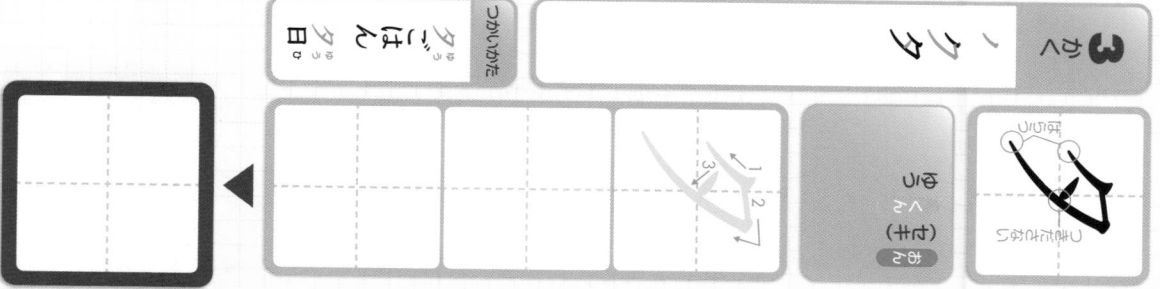

つかいかた
早口
早ね早おき
早ちょう

月　　日

２ ──せんの かん字の よみがなを かきましょう。

( ) ( )

① 夕がた ② 一円玉（だま）

( ) ( )

③ 早ちょう ④ 早おき

★早ちょう…あさの はやい じこく。

３ □に あてはまる かん字を かきましょう。

① □□（せん・えん）の イヤリング。

② □□（はや・あし）で あるく。

③ □（ゆう）やけが きれいだ。

④ □（えん）けいの クッション。

★えんけい…まるい かたち。

よく がんばって いるね。

おしゃれの まめちしき ▶ チームが つくった ネックレスを プレゼントして いいね。

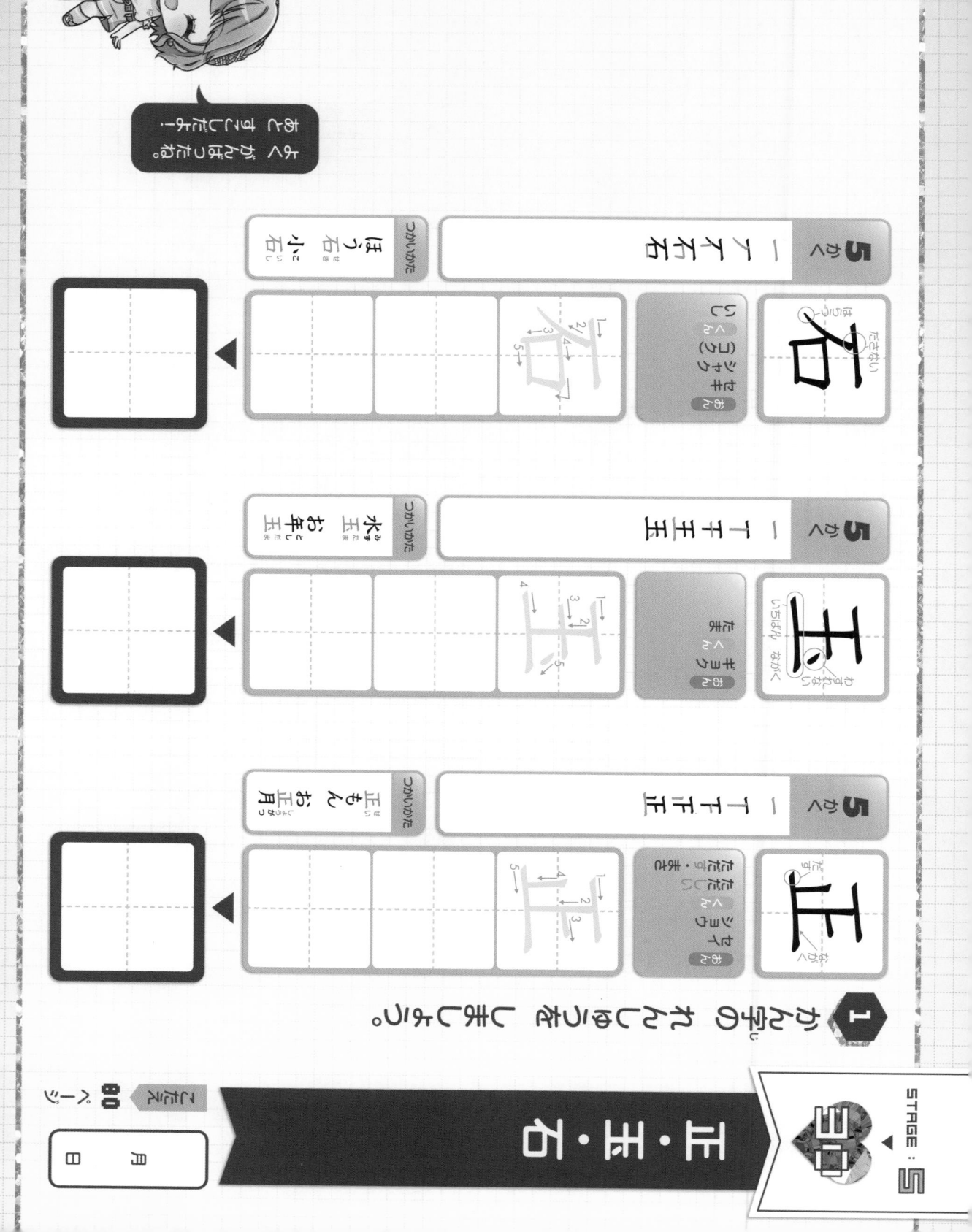

STAGE: 5

正・王・石

① かんじの ひつじゅんに きを つけて。

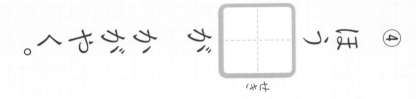

おしゃれの
まめちしき

ドレスを きた とき、おしゃれを するには かさが ひつような ことが あるよ。

二 □に あてはまる かんじを かきましょう。

① お□□で ねんどを へらして かたちを つくろう。

② □しい 字を かく。

③ □□もようの ようふくの みせの ショーピース。

④ □が かがやく。

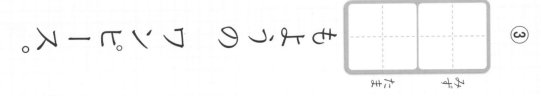

一 ── の かんじの よみがなを かきましょう。

① 正もん　（　　　　）

② お正月　（　　　　）

③ 目玉やき（　　　　）

④ 小石　　（　　　　）

かん字の ふくしゅう⑤

1 ──せんの かん字の よみがなを かきましょう。

① タ日に けん　（　）

② 白い じどう車。（　）

③ 名字を 名のる。（　）

④ お年玉を もらう。（　）

⑤ 早口ことば（　）

⑥ 五百円の ペン。（　）

2 ──せんの かん字の よみがなを かきましょう。

① {
ながく 生きる。（　）
子犬が 生まれる。（　）
草が 生える。（　）
}

② {
正さを する。（　）
正じきな 人。（　）
正しい こたえ。（　）
}

③ □に あてはまる かん字を かきましょう。

① <ruby>がっ<rt>がっ</rt></ruby><ruby>こう<rt>こう</rt></ruby>【□□】

② <ruby>せん<rt>せん</rt></ruby><ruby>せい<rt>せい</rt></ruby>【□□】

③ 【□<ruby>こ<rt>こ</rt></ruby>】に ついて の せつめい【□<ruby>ぶん<rt>ぶん</rt></ruby>】。

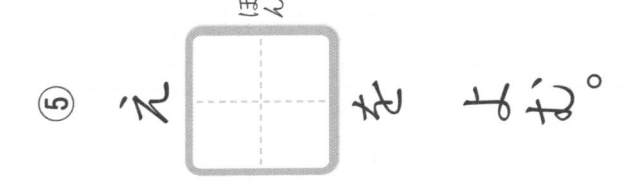

④ 赤<rt>あか</rt>い 【□<ruby>こ<rt>こ</rt></ruby>】。

⑤ え【□<ruby>ほん<rt>ほん</rt></ruby>】を よむ。

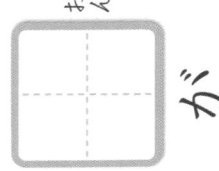

⑥ 【□<ruby>そう<rt>そう</rt></ruby>】だいする

⑦ 【□<ruby>おん<rt>おん</rt></ruby>】がくかい

★そうだい … がっこうなどから はやく かえる こと。

④ ──せんの ことばを、かん字と ひらがなで かきましょう。

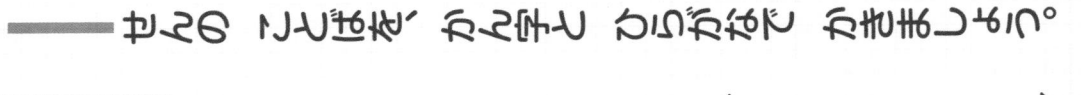

① <u>まるい</u> たいら かう。（　　　　　　　）

② <u>はやく</u> おきる。（　　　　　　　）

③ しせいを <u>ただす</u>。（　　　　　　　）

おしゃれの まめちしき ▶ ドレスを きる ときは、キラキラ かがやく はなやかな アクセサリーを つけよう★

こたえあわせを したら □の シールを はろう！

おうちの方へ
間違えた問題は、見直しをして、しっかり理解するようにしましょう。

1 一・二・三　13〜14ページ

2　①いち　②に
　③み　④ひと

3　①三人　②二
　③一　④三

アドバイス　3　「一」「二」「三」は、それぞれの横画の長さに注意して書きましょう。「三」の二画目は、一画目よりもやや短く書きます。

2 四・五・六　15〜16ページ

2　①し　②ご
　③むい　④いつ

3　①四　②六年生
　③四四　④五

アドバイス　3　①・③ 「四」の四画目は、片仮名の「ハ」の右側のように、まっすぐにしないで下ろしてから右に曲げます。

3 七・八・九　17〜18ページ

2　①しち　②はち（はつ）
　③きゅう　④く

3　①七五三　②九日
　③八　④七

アドバイス　2　①「七月」は「ひちがつ」と書かないように注意しましょう。
3　②「九」の書き順は「ノ九」です。正しく覚えましょう。

4 十・百・千　19〜20ページ

2　①とお　②ひゃく
　③せん　④ち

3　①十本　②千円
　③百人　④十五円

アドバイス　3　①「十本」の「十」は、「じゅっ」とも読みます。また、「本」の数え方は、上にくる言葉によって「ほん・ぼん・ぽん」と変わります。「一本・二本・三本・四本・五本・六本・七本・八本（八本）・九本・十本（十本）」などとなります。

5 大・中・小　21〜22ページ

2　①だいしょう　②ちゅう
　③しょう　④だい

3　①大　②一日中
　③小　④中

アドバイス　3　③「小」の真ん中の縦画は最初に、②・④「中」の真ん中の縦画は最後に書きます。

⑪ 右・入・出　27〜28ページ

❸
- ③ 入・人
- ① 入
- ④ 出　出口
- 右手

❷
- ① しゅつ
- ② に
- ③ しゅ
- ④ にゅう

アドバイス ❷
で、「下」も正確に覚える
ようにたくさん読み方が
あるので、「上」も
④・②
覚えるように
しましょう。

⑩ 上・下・左　25〜26ページ

❶
- ① 左足
- ② 上下
- ③ 上
- ④ 上

❷
- ① ほ
- ② か
- ③ さ
- ④ げ

アドバイス ❷
正確に覚えるようたくさん読み
方があるので、「上」も「下」も
④・②
覚えるように
しましょう。

⑥ かん字のふくしゅう①　23〜24ページ

❶
- ① じゅう
- ② しち
- ③ なな
- ④ じっ・じゅっ
- ⑤ と
- ⑥ ち

❷
- ① ちから・りょく
- ② おお
- ③ こ・お
- ④ だいしょう

❸
- ① だい・たい
- ② おお
- ③ こ・お
- ④ だいしょう
- ⑤ 小百
- ⑥ おと

④
- ① 七
- ② 小
- ③ 口

アドバイス ❷
「十」（日）と書かないように、
「十」（十）②
に注意
しましょう。

⑫ 男・女・子　31〜32ページ

❸
- ① こ
- ② じょ
- ③ 子
- ④ こ

❷
- ① 男
- ② 男女
- ③ 大男
- ④ 女子

❶
- ① おとこ
- ② なん
- ③ おんな
- ④ じょ

アドバイス ❷
「子」の一画目は横ではありま
せん。②・④
「男」「女」の反対の意味
の言葉は②女
男女
女子
で、女の
一画目は

「女」と書きます。一画目は
「く」と書きます。二画目は
「ノ」で、三画目を続けて書いて
はいけません。「女」「少」の反対
…確認しましょう。

⑪ 立・休・見　29〜30ページ

❸
- ① ・④ 立
- ② 見
- ③ 休
- ④ 見

❷
- ① りつ
- ② けん
- ③ けり
- ④ やす

❶
- ① りつ
- ② けん
- ③ 休
- ④ 立見

アドバイス ❸
目を縦に短く書いている
か、「立」の④
確認しましょう。

アドバイス ❷
ちがえやすいので、「左」②
の一画目は「一」で、「右」
の一画目は「ノ」です。③
「左」の二画目は左折、
「右」の二画目は右折
と読みます。②
の反対の意味の言葉は①
…見間違えましょう。

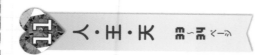

11 人・王・天 33〜34ページ

2 ①じん ②おう ③てん ④ひと

3 ①王女 ②天天 ③人人 ④天天

アドバイス 2 ②「王」は「お」と書かないように注意しましょう。

3 ②・④「天」は、二画目の横棒を一画目の横棒より短めに書きます。

12 かん字の ふくしゅう② 35〜36ページ

1 ①けん ②みぎ ③にん ④にゅう ⑤たん ⑥きゅう

2 ①じょう・うえ・あ ②しゅう・で・だ

3 ①人人 ②天天 ③上下 ④左右 ⑤王子 ⑥男女

4 ①立てる ②入る ③休める ④下りる

アドバイス 4 送りがなを、①「立てる」は「立る」、②「入る」は「入いる」、④「下りる」は「下る」と間違えないようにしましょう。

13 口・目・耳 37〜38ページ

2 ①じんこう ②め ③みみ ④くち

3 ①耳 ②口 ③目 ④耳

アドバイス 3 ②「口」は真四角にならないよう、一画目の縦棒は内向きに書きます。①・④「耳」は、五画目の横棒が六画目の縦棒から突き出ているかを確認しましょう。

14 手・足・力 39〜40ページ

2 ①て ②そく ③りょく ④あし

3 ①力 ②手 ③足 ④力

アドバイス 3 ①・④「力」は、二画目が一画目の横棒から突き出ているかどうかを確認しましょう。②「手」は、二画目より三画目の横棒を長めに書くことに注意。

15 日・月・火 41〜42ページ

2 ①にち ②つきみ ③かから ④にがつなのか

3 ①月 ②日日 ③火月 ④日日

アドバイス 3 ③「火」は「ソ」「火」と、左→右→中の順で書きます。④同じ読み方の「火」と書き間違えないようにしましょう。朝の太陽のことなので「日」です。

右ページ上段（16回 かん字の ぶんるい ③ 47・48ページ）

③ 町
④ 金　土
⑤ 力　村　人

16回 かん字の ぶんるい ③　47～48ページ

1
① にっ
② ぞ（ほ・へ・あ・も・へ）
③ かつに
④ みそ
⑤ つに
⑥ まちずん

アドバイス
「町」「村」は、住所を示すときにも使われる言葉です。「町」「村」は、住所を示すときにも使われます。ほかにも「町」「村」ということを教えましょう。

16回 土・町・村　45～46ページ

3
① 山　そん
② つち
③ 村
④ 村

2
① と
② ち
③ そん
④ まち

アドバイス
認の部分は、真ん中の「水」のたて画で書いています。「水」のたて画で書いている部分は、中の「水」の・④　右画

16回 水・木・金　43～44ページ

3
① きん
② 木
③ 金・④ 木

2
① すい
② もく
③ きん
④ へ

3
① きん
② 木
③ 金・④ 木きん

2
① すい
② もく
③ きん
④ へ

右ページ下段（16回 竹・花・草 51・52ページ）

アドバイス
三画目は、確認目は、真ん中の縦画し・④
一画す。六画「竹」を七

書くよう、縦棒は止めて曲げるようにしましょう。「花」④・
しまいます。ねはねはして・①
よう。一画すが、二画「花」④
に、一画目の・②
書くように「竹」がの七

3
① 草
② くさ
③ 花
④ 竹

2
① ちく
② たか
③ くへ
④ たけ

16回 竹・花・草　51～52ページ

アドバイス
と「赤」しして字形が似・④・②
中←左←下→右の部分は右の順に書きます。「白」は
て、左の部分は正しく書きましょう。「白」は・③
意識「百」して、「白」は・④・②
順に書きます。チがい違いを「白」「日」を
「赤」「日」をすやす赤「赤」

3
① 青空
② 白目
③ 青空
④ 白白

2
① せいき
② あか
③ せい
④ はく

16回 赤・白・青　49～50ページ

アドバイス
に本です。③・④・⑤
注意します。「日」「目」③・④・②
「目」「目」の囲みと間違えない横ますしよう。「白」中の・②
間違えないように「べ」と濁りと濁

4
① 耳
② 手
③ 目
④ 足
⑤ 口

2
① まます
② 足
③ 目
④ て
⑤ 口

21 大・虫・貝 53~54ページ

2 ①けん ②ちゅう
③がい ④むし

3 ①犬 ②貝
③虫 ④子犬〔小犬〕

アドバイス 2 ③「まちがい」と濁って読みます。

3 ①・④「犬」の四画目の点を忘れないように注意。点が入らないと、「大」という別の字になります。②「貝」は「見」と字形が似ています。「〉」と「ん」の部分の違いを意識して書きましょう。

22 山・川・森・林 55~56ページ

2 ①さん ②かわ
③しんりん ④ばやし

3 ①川下 ②山
③森 ④山林

アドバイス 2 ④「まつばやし」と濁って読みます。

3 ③「森」は④「林」よりも木が多い所なので、「木」を三つ書くと覚えるとよいでしょう。

23 田・空・気・雨 57~58ページ

2 ①くうき ②げ
③うてん ④た

3 ①気 ②雨
③水田 ④空・雨

アドバイス 2 ②「ゆげ」と濁って読みます。

3 ②・④「雨」の四つの点は右下に向けて打つことに注意しましょう。

24 かん字の ふくしゅう④ 59~60ページ

1 ①か ②やま
③くうき ④しらし
⑤しんりん ⑥あおし

2 ①くう・あ・から
②う・あめ・あまら

3 ①白・貝 ②犬・青
③赤・虫 ④草花

4 ①森 ②林 ③竹
④田 ⑤川林

アドバイス 4 この他に「草」や「花」も自然を表す漢字です。

25 学・校・年 61~62ページ

2 ①しょうがく ②がっこう
③ねん ④としうえ

3 ①校 ②年
③学 ④年下

アドバイス 3 ①「校」の五画目を縦に短く書いているかを確認しましょう。②・④「年」は正しい筆順を覚えましょう。

22 糸・車・音 67〜68ページ

③
(1) 事
(2) おし
(3) 音
(4) 足音

②
(1) じん
(2) と
(4) むし

アドバイス
「糸」は一画目に注意し、六画で書きます。

---

21 本・名・字 65〜66ページ

③
(1) 手本気
(2) 本じん
(3) 名人
(4) 名まえ

②
(1) はみょう
(2) めい
(3) ほん
(4) じん

アドバイス
「手」と「学」の横棒を、別の字に入らないように注意します。②「木」と「本」は、「木」に横棒を入れないように注意し、別の部分が形が似ています。「学」の字「ツ」の部分が「ツ」になるように注意しましょう。

---

20 先・生・文 63〜64ページ

③
(1) 文月・文
(2) 一生
(3) いせい
(4) なま

②
(1) せい
(2) なま
(3) いん
(4) ぶんま

アドバイス
「先」を書くとき、「生」は「先生」のように注意しましょう。

4
(1) 円
(2) 早く
(3) 正す
(5) 本・右
(6) 早・糸
(7) 音
(4) 先生
(3) 学校

3
(1) せい・う
(2) い・じ・は
(3) じ・う・ち
(5) は・みょう
(4) ゆ・とし
(6) としへん

2
(1) じょう
(2) や
(4) だえ
(3) へだ
(6) え
(5) えまん

1

19 かん字のふくしゅう⑤ 73〜74ページ

③
(1) 木・王
(3) 手・王
(2) 右・正
(4) 正しい

②
(1) めだい
(2) しょう
(3) ただしい
(4) しょうがつ

アドバイス
一画目の点を忘れないように注意します。「王」を別の字に点を忘れないように「玉」としないように注意しましょう。③「王」「正」に注意します。

---

18 正・王・石 71〜72ページ

③
(1) そう
(2) い
(3) 手
(4) 円足

②
(1) そう
(2) いち
(3) ゆう
(4) まえん

アドバイス
「お」と書かないように早「ち」と書かないように注意し、「そ」は、「つ」（う）とちがえないように注意しましょう。

---

17 夕・円・早 69〜70ページ

小学生のための **キャラクター & ファッション** 雑誌

奇数月
（1・3・5・7・9）
15日発売

キラ★ピチ

「かわいいキャラクターが大好き」「べんりな文房具や雑貨がほしい」
「オシャレなファッションが気になる」「おもしろいマンガが読みたい」
そんな、今どきの小学生の願いを叶える雑誌が「キラピチ」だよ★

今どきの
ファッションが
わかる！

ふろくは
とっても
ごうか★

かわいい
キャラクター
がいっぱい！

大人気
れんさい
マンガも！

鷲見奏怜
（カレン）

春木美彩
（みあ）

ぜひ読んで
みてね♡

高橋 舞
（まいまい）

小西希帆
（きほ）

宮島さゆき
（さゆき）

キラピチをもっと知りたいコは
うらめんをチェック★

キラピチの中身をチラ見せ！

キラピチの3つのとくちょうを
誌面といっしょに紹介するよ！

紫原夕莉乃（ゆりの）

グッズの紹介や
ニュースが
もりだくさん♡

大人気キャラクターの最新情報がゲットできる★

今どきのファッション＆ヘアアレンジがわかる♡

若松美咲（ミサ）

キラピチでオシャレになっちゃおう★

ちょーごうかなふろくやかわいいシールがついてくる！

奇数月（1・3・5・7・9・11月）15日発売

キラピチ最新号は、全国の書店やネット書店で発売中♪

大西佑奈（ユナ）

気になったコは
ぜひキラピチを
手に入れてね★

キラピチ公式
ホームページ

https://kirapichi.net/

YouTube

@user-ty5ei5bo3p

Instagram

kirapichi

日々更新中★公式ホームページやSNSも要チェックだよ！